不如吃茶去

林清玄 著

北京时代华文书局

图书在版编目（CIP）数据

不如吃茶去 / 林清玄著 . -- 北京 : 北京时代华文书局 , 2021.8
ISBN 978-7-5699-4237-8

Ⅰ . ①不… Ⅱ . ①林… Ⅲ . ①散文集－中国－当代 Ⅳ . ① I267

中国版本图书馆 CIP 数据核字 (2021) 第 117241 号

北京市版权局著作权合同登记号　图字　01-2021-3050

不如吃茶去

BU RU CHICHA QU

著　　者 | 林清玄

出 版 人 | 陈　涛
策划编辑 | 洪紫玉
责任编辑 | 周海燕
特约编辑 | 胡　家
封面设计 | 北京弘果文化传媒
责任印制 | 訾　敬
出版发行 | 北京时代华文书局 http://www.bjsdsj.com.cn
北京市东城区安定门外大街 138 号皇城国际大厦 A 座 8 楼
邮编：100011　电话：010 - 64267955　64267677
印　　刷 | 北京盛通印刷股份有限公司　010-83670070
（如发现印装质量问题，请与印刷厂联系调换）
开　　本 | 880mm×1230mm　1/32　印　　张 | 9　字　　数 | 230 千字
版　　次 | 2021 年 8 月第 1 版　印　　次 | 2021 年 8 月第 1 次印刷
书　　号 | ISBN 978-7-5699-4237-8
定　　价 | 58.00 元

目录

第一辑——茶道人生

茶的存在主义 003
一生一会 008
人生茶味 013
儒家茶道 017
世界茶道 021
未来茶道 026
平民的茶 031
友谊之茶 036
爱，永远保持分享 040
第一位女茶师——李冶 042
茶的境界——陆羽 047
茶的通透——苏东坡 054
茶的快乐——宋徽宗 062

第二辑 —— 寻茶问茶

仙茗自仙家 071
龙井问茶 076
佛国奇香 086
蒙顶茶 091
君山银针 095
武夷山茶 099
高山茶 104
卢仝七碗茶 108
流华净肌骨 113
相思一磬声 118
茶歌与酒诗 124

第三辑 —— 奇茶清欢

新鲜的桂花茶 143
莲花香片 146
若兰茶酒 150
酢浆草茶 155
冷泡银针 159
沉香茶 163
感通茶与嬉野茶 165
药草浴与普洱茶 168

第四辑 —— 茶间洗心

请上坐，泡好茶 175
饮茶洗心 178
无我的茶 182
茶香一叶 184
猫空半日 189
私房茶与私藏茶 194
茶与杯的玄思 197
水在舌头上 201
佛山无影水 204
水会永远活着 207
茶匠的心 210
沏壶冻顶供养春天 213
看时大彬的茗壶 216

第五辑 —— 禅茶一味

茶禅一味 221
一味 225
不可一日无茶 232
无不是茶 239
无事最可贵 243
所谓乌龙，即非乌龙 247
黄叶中的风骨 251
不可小看老婆子 254
百鸟不衔花 258
落叶永远扫不干净 261
净土也有好茶 264
入清凉地 268
一片茶叶 272
片叶不沾身 274
达摩茶杯 278

第一辑

茶道人生

二〇二〇庚子年夏

茶的存在主义

有一次，几位日本茶道专家到台北来找我，问我：“林先生，您自幼生长在农村，为什么会走入茶的研究？从什么时候开始喜欢喝茶？”

我回答：“从两三岁到现在已经有五十几年的时间了。”他们听了大吃一惊。

在我小时候居住的农村，大部分人都非常贫穷，白天耕田、种菜，到了晚上，整个山村没有电，父亲会跟一些农夫朋友在我们家晒谷子的院子里喝茶。那时喝茶没有那么讲究，石桌子上摆着一把大铁壶，每一个人会有一个小壶，等到水烧开了，抓一把茶叶塞进壶里面，大概要塞三分之二，开水冲到壶里，直接拿起来吸茶。

我表演给日本人看，他们都觉得非常奇怪：这样喝茶不会烫到嘴吗？

茶叶塞得很满，里面的茶水大概只有三分之一，等到茶叶膨胀，可能只有十分之一水在里面，吸一口，正好把壶里的水吸干净，所以不会烫到嘴。而且每一个人一把壶，是非常卫生的。

这种喝茶形式，在明朝之前就有。明朝冯可宾在《岕茶笺》中就讲：“茶壶以小为贵，每一客，壶一把，任其自斟自饮，方为得趣。”

日本人觉得奇特，乡下简简单单的茶，都可以找到它的历史来源。

两三岁时，在庭院里看父亲喝茶，我会跑过去吸一口茶水。夏天的晚上，天上布满了星星，田园里有萤火虫，那一口茶，是人生非常美好的回忆。

念了中学、上了大学，每天都喝茶，可以说“不可一日无茶”。

我喜欢的诗人、文学家，都喜欢喝茶。

李白、杜甫、白居易、苏东坡、陆游、杜牧……在这些文化记忆里，诗人通过自己来看待喝茶，写下动人的诗歌。读这些茶的诗歌，让我进入一个完全不同的新意境，发现茶的神秘、深刻与广大。

我发现茶和儒家的一些关系。儒家讲到以茶侍君臣、父子、夫妻、兄弟、朋友；儒家是用茶来献天地的；与人交友是一起喝茶；儒家的很多大德，像朱熹、王阳明等，这些人都爱喝茶。

儒家讲的是人世间的茶，但你会发现，出世也有很多与茶有深刻关系的事物。中国名茶，大部分生长在道观和寺庙附近，并不是因为那里天地灵气浓厚，而是那里的道士跟和尚是最会种茶的。

茶和佛家的关系更密切，唐朝几乎每一个寺庙里的和尚都要喝茶。唐朝和尚百丈禅师就立下了丛林清规：所有出家人早上要喝早茶，下午要喝午茶。

早上十点钟去茶堂喝茶，用钵装一碗茶。喝茶时不准讲话，要思考、静坐。下午跟英国人一样要到茶堂喝下午茶。茶发展成一个思想的体系，茶跟禅合在一起叫茶禅一味。茶跟禅是一个味道，茶里面有广大的世界。

我在三十年前开始研究茶道，写了一些关于茶道的书籍，慢慢进入茶道的世界。茶的世界跟其他学问不一样，其他的学问通过研究就可以掌握，可茶道必须要寻找、体会，喝古书上记载的那种泉水、喝古人讲到的茶，才能知道茶的历史渊源。

在这三十年间我到处去找茶，沿着陆羽所走过的路，到中国各地去寻找茶的踪迹。

唐朝的陆羽被后人奉为“茶圣”，他一生游历天下，考察各地茶与水的品质，潜心研究茶叶和茶具，写下了茶文化的开山之作《茶经》。

茶跟蔬菜水果不一样，也跟其他植物不一样，可以说是中国所有的植物里最重要的一种，它传播范围最广，历史渊源最久，在史书上记载得非常多，它的文化象征和意义最繁复、最多元、最深刻。

“茶”这个字，其实是非常有意思的：“艹”“人”“木”——人在草木之间。

茶是一种寻常植物，如果不留心，你走过去也不会注意到。如果仔细留意，就会发现茶里面有很深的境界，这种境界是“人在草木间”。

每年春天，我都会到京都、奈良的茶堂喝茶，日本茶堂的规矩非常多。

茶堂通常会有一个庭院，里面种一些精挑细选的、优美的植物。穿过庭院到了茶堂，大概是一丈见方。不会很大，小小一个，里面一个炉、一幅画、一枝花。

有的花不能插在茶堂里面，比如说颜色很艳的花、枝条繁茂的花。正襟危坐喝茶时不准讲话。所有的东西都要留在茶堂外面的板子上。这个板子以前专门用来摆武士的剑，现在用来摆放茶客的物品。进了茶堂以后就不可以有烟、火、器。

喝茶的过程也很繁复，主人端起茶碗来，把茶打碎泡好后端给客人喝。客人拿到茶碗之后不能马上喝，要把茶碗转一圈，把最美的那一部分转回给主人，然后一口气喝掉，不可以分好几口，然后要盛赞主人的茶非常好喝。这大概就是整个过程和形式。

我到茶堂喝茶，感觉没有那么自在，还不能要第二碗。“这个茶很好喝，可不可以再来一碗呢？”当你讲这句话的时候可能会被赶出茶堂，因为要留余韵，下次再来。喝完一碗茶的整个过程是严格的、干净的、透彻的，是日本茶道“和、敬、清、寂”的一种展现。

日本茶道源自中国，经过一千多年的发展演变，形成一套严谨而繁复的体系。

唐朝茶道传入日本或者传到韩国有两种面貌：

第一个是寺院的茶道，即出家人喝的茶。日本人、韩国人用茶碗喝茶，而以前的和尚是用钵来喝茶的，发展到现在就变成用碗。

第二个就是贵族的茶道。在法门寺地宫发现了很多精美的茶具，把茶碾碎了，用竹子做的器具把它打散，这个过程跟以前唐朝皇室喝茶的过程一样。

日本人跟韩国人缺乏的茶道是什么呢？

第一个是文人的茶道。文人的茶道是通过茶结交朋友、以诗会友、以画结友，泡了几杯茶以后，宴谈终夜。

第二个是老百姓的茶道。到四川成都、重庆这些地方，就会发现那里的茶道是最蓬勃的。在成都或者重庆的寺庙前面，可以看到几千个人一起喝茶，他们坐在那里，一起嗑瓜子、看报纸、聊天、遛鸟，做自己喜欢做的事情。一杯茶只要一块钱，一坐就是一上午。我到北京的老舍茶馆去喝茶、看表演，这也是平民的茶道，你在里面鼓掌叫好，不会有人管你的。这种茶道就是自由自在。

中国的茶道是丰富的，是各有不同的，又是最完整的。从品茶发展而来的茶道，历代很多人花了巨大心力来发展的茶道，历经千年的演变，才成就如今的东方哲学思想的饮茶艺术。

那么进入茶道的关键在哪里呢？

茶会变成所有植物里面珍贵、深刻、神秘、广大、有文化气息、有历史感的一种植物，并不是偶然。西方的哲学家笛卡儿讲过：“我思故我在，我苦故我在。”而对于一个茶人来讲，可以说“我饮故我在”，因为我喝茶，所以我存在。在喝茶这件事上，把全部的身心集中起来，用一个饱满的状态进入眼前的这杯茶，可以更深刻地体会这种存在。

茶是一种浪漫的存在，茶使我们感到作为一个中国人是值得骄傲自豪的。历史上第一本关于茶的书是中国人写的，中国被认为是茶的祖国。

当我们把这些美好体会建立起来，就可以轻松、自在，以欢喜心进入茶的世界。

一生一会

茶道的境界发展到最高峰，叫“一生一会”。

这一辈子只为了这一次的会面，而这一次很可能就是最后一次。把时间和空间浓缩到这一点上，在这一辈子跟某一个人在某一个特定的时空里相会。即使你很想有新的因缘，可是再也不可能有了。这种遗憾在人生中经常会有。

有一些很要好的朋友，在某一个时空来和我们会面，大家一起喝茶，喝完茶告辞，你看着他的背影走出你家门口，下山离开了。

看到朋友离开就会升起一种感触：这辈子还会不会再跟他会面？

我的一位作家朋友曹又方女士因心肌梗死去世了。我跟她认识了三十几年了，这几年，每次见面在一起喝茶，谈人生、谈写作、谈一些美好的事物，想到这样的日子以后再也不会有了，就感觉有一点酸楚，有一点遗憾。

由于生活里种种意外的存在，每一次相会就都显得格外珍贵。这种“一生一会”的境界，需要不断提高自己的修养层次才能实现。

人在这个世界上，大概有几种状况，这种情况就好像金字塔一样。

我要讲的状况就是物欲。人是因为物质、欲望而存在于这个世界的。比如说，每个人都会喝茶，但是找茶来喝这样的行为并不代表会喝茶或者懂茶。可以在茶里体会出人生的道理，大部分人没有这种境界，必须再往前迈进。

有一天，我去看朋友画家吴炫三。走进他的花园，看到有一只乌龟停在花园里。这只乌龟大概有两百斤那么重，而且很漂亮，背上长满了“星星”。

他说：“这只乌龟是我上次在巴西办画展看到的，我觉得这只乌龟很棒，一定要把它带回台湾。可是它太大，不能坐飞机，要用船才能运到台湾。”

于是，他就找了一个木箱子把这乌龟装进去，用托运货柜运回。从巴西坐船到台湾要三个月，他心想这个乌龟很可能会死在路上，最后只剩下乌龟壳。

经过三个月，他到港口领乌龟，打开货柜、拉开箱子时，吓了一跳。

乌龟突然伸出头来，脸上还带着神秘的微笑，静静地看着他。

乌龟三个月不吃、不喝，没有充足的空气和阳光，竟然还活着。

凡是这个世界上长寿的动物都面带微笑，像乌龟、白鹤、大象、海豚、鲸鱼。凡是面容凄苦的，大概都活不长，狮子、老虎、豹子都活不长。

乌龟很容易养，早上吃一根香蕉，下午吃一根香蕉就行了。

我想跟它拍一张照片，却忘了带相机，于是跟朋友约好三个星期以后再来跟乌龟拍照。

三个星期以后，我去找朋友。走进他的花园，抬头一看，乌龟的空壳正放在他的书桌上。

三个月不吃不喝还活着的乌龟，为什么三个星期就死了？他说：“你上次走了以后，我要去别的地方办画展，两个星期。我想这只乌龟没东西吃，就买了两串香蕉，我和乌龟说‘你早上吃一根，下午吃一根，记得哦’。”乌龟脸上带着神秘的微笑点头，它活了一百多岁，应该知道他的意思。

他办完画展回来后发现乌龟死了，香蕉统统不见了。他找兽医来解剖，发现乌龟满肚子的香蕉。原来，乌龟把原本应该两个星期的量一下子吃完了，撑死了，可怜只剩下空壳。我只能跟这个空壳拍照了。在这个照片后面我写了一首诗：

巴西乌龟关风宜，三月不食飞万里。

一日贪吃两串蕉，独留空壳向风雨。

其实有的人和这只乌龟很像，很多欲望都超过了需求。如果人一辈子靠着欲望和物质生活，那就很痛苦。觉醒到这一点的人就可以走进人生的第二个层次，即文明和文化。

不只要喝水，还希望喝一杯好茶；不只要喝一杯好茶，茶里还要有想法、有故事、有品味。品味这个词很好。品味是把一口茶分成四口来喝，品是三个口，味是一个口。一大杯茶灌下去，那不是品味。

文化和文明的层次面临巨大的挑战，有再好的文化修养都不能免除人生的痛苦。

人生有哪些痛苦呢？如果依照经典，则有八种痛苦：生、老、病、死、爱别离、怨憎会、求不得、烦恼炙盛。

生老病死大家很容易理解。

爱别离，就是相爱的人一定会别离。

怨憎会，即讨厌的人一定会碰在一起。

求不得，你买的彩票号码永远不会出来，这个叫求不得。

第八个叫烦恼炙盛，天下本无事，庸人自扰之。天下本没有什么事情，但我们就好像被火焰烧着了一样烦恼。

我写过一个故事。

很早以前在印度，有弟子去朝圣之前，跑去问师父：“你有什么要交代我？”师父从房间里拿出一个苦瓜，跟徒弟说：“你带着这个苦瓜吧。”

到了寺庙，弟子把这个苦瓜拿出来供佛。到了圣水的两河交界之处，弟子就把这个苦瓜拿出来沐浴圣水。走了几个寺庙以后，他觉得这个苦瓜很庄严，不得了！这个神圣的苦瓜要好好捧着才行。

弟子好不容易把这个苦瓜带回来，问师父：“师父，我朝圣回来，那这个苦瓜怎么办？”

师父就说：“把这个苦瓜煮一煮，晚上大家一起吃吧。”

弟子很震撼：这个苦瓜这么神圣，竟然要煮来吃！

晚上弟子还是听话地把这个苦瓜煮了。师父吃了一口感叹：“哎呀，这个苦瓜这么神圣，沐浴过那么多的圣水，拜过那么多的菩萨，它的滋味还跟原来一样苦啊！”

人生实苦，如果要直面生命的痛苦，就要进入更深的体会！这种体会是精神的或者是灵性的。

在《论语》里，孔子曾经盛赞他的弟子颜回说：“贤哉回也，一箪食，一瓢饮，在陋巷，人不堪其忧，回也不改其乐。”

如果一个人完成了三个部分：有物质和欲望的追求，有文化和文明的体会，有精神的或者灵性的向往和体验，那这个人就是一个完整的人。

一生一会就是特指各自完整、内在饱满的人在时空里的交会。双方都体会到纯净的美，互相道了离别，然后分开。

茶道在中国叫“精、行、俭、德”。

非常细微、有力量、俭朴、德行，这样的人可以体会到茶道的境界。

在日本，茶道的境界叫作“和、敬、清、寂”。

“和”是可以处在好的关系里；“敬”就是互相尊敬，互相敬畏；“清”是处于干净的状态；“寂”是孤寂安静，一切止息了。

茶道的境界都是相通的。这种相通是在宇宙的某一点处有了非常好的体会，而这种体会是人与人之间比较好的关系和状态。

进入茶道，是值得感恩的事。世界上有那么多的事物，生活有那么多的面貌，一些特别的人有了进入茶的世界的恩典，这是很不易的。

在生命里所遭遇的一切事物，价值都未定，你看起来就有价值。

一块石头的价值不在于能卖多少钱，一杯茶的价值也不在于有多名贵，只有知己才懂得分享与品味。

有一个茶会叫无我茶会。会员带着自己的茶具，围成一圈泡茶。每次只泡一杯茶，不是给自己喝，而是端给右边的人喝。每个人喝到的都不是自己的茶，互相分享别人给你泡的茶。每一个人都带最好的茶去泡给别人喝。

进入了无我的状态，跟别人分享一杯茶，这种境界是非常美好的。

茶道当门相送，就是一生一会。喝完了茶，在门口送朋友离开，这不只是喝茶，还是对因缘、无常、时空、宇宙更深层的认识。在长远时空里与朋友共饮一杯茶，是非常难得、非常稀有的，这会让我们心里永远保持着感恩的态度——感恩我来到这个世界，感恩我在成长的过程遇到了茶道，感恩我在茶道的体会里可以不断地往前迈进，进入那个更灵性、更精神的层次，最后跟这个宇宙、时空相往来。

一生一会的最高境界就是天人合一。

人生茶味

茶为友谊而生。我曾在春天到江南找茶，去了宜兴、景德镇等很多卖茶具的地方。我发现一个有趣的问题，所有的茶具只要是全套的，一个壶都会配上几个杯子。

我就和老板说："一定是一个茶壶配几个杯子，如果壶没有配杯子，你只能把这个壶拿起来对嘴喝了。"

其实，这是因为一壶茶要分给几位不同的朋友来喝。

我年轻时，每年春天都会开着车到台湾生产茶叶的地方去喝茶。觉得这一泡茶好，就会一次买几十斤或者把所有的茶都买下来，塞满整个车子，然后回家。我有三个冰柜，我会把全部茶都冰在冰柜里。坐在冰柜前我很开心，心想今年我要喝的茶都有了。

有人问我："你买那么多茶，一个人喝得完吗？"

当然喝不完，那是为来访的朋友准备的。跟朋友分享今年最美好的茶，那种感觉非常棒。从古至今，茶道令人最感动的部分就是茶在分享过程所创造出来的文化、诗情、浪漫。

有人问我："你常常讲浪漫，浪漫是什么？"

我说："浪漫就是浪费时间慢慢喝茶。当你浪费时间慢慢散步，浪费时间慢慢吃饭，就会自然生长出浪漫。"

几位不同的朋友都坐下来，你开始泡茶，整个过程是非常缓慢专注的。你创造出来一个空间，跟朋友一起来分享这个空间。

茶泡好，你把茶杯端起来喝茶，跟朋友聊一些事情，例如最近的感受，或者今年春天的时候去哪里找的茶……以茶会友，你会感到愉快。

这种传统历史悠久，《茶经》中，茶圣陆羽用一杯茶喝出了师徒之情。

陆羽一生中有非常多的好朋友，其中有一个要好的朋友叫皎然，他是一个出家人。皎然写过四百多首诗，其中大概有将近一百首是写陆羽的，比如说他有一首很简单的《九日与陆处士羽饮茶》：

九日山僧院，东篱菊也黄。
俗人多泛酒，谁解助茶香？

除了陆羽以外，历史上还有不少以茶会友的文化名人，他们写下了大量关于茶与朋友的诗歌，例如苏东坡、白居易、黄庭坚，还有郑板桥。

特别是苏东坡，他写过大概一百多首关于茶的诗，几乎每一首都是跟朋友喝茶。除此之外就是送茶给朋友，或者收到朋友送的茶。

苏东坡经常被贬到很偏远的地方，贬到有茶的地方他就会找茶送给朋友，贬到没有茶的地方朋友就会送茶给他。

《次韵曹辅寄壑源试焙新芽》

仙山灵雨湿行云，洗遍香肌粉未匀。
明月来投玉川子，清风吹破武林春。
要知玉雪心肠好，不是膏油首面新。
戏作小诗君一笑，从来佳茗似佳人。

苏东坡收到他的朋友寄来的茶后，回赠这一首诗。

这是中国的茶叶诗歌史上非常有名的一首诗，其中“从来佳茗似佳人”的意思是说，好的茶跟美丽的女孩子一样，令人向往、动容、陶醉。

再来看一首白居易的诗：

坐酌泠泠水，看煎瑟瑟尘。
无由持一碗，寄与爱茶人。

不只是白居易，还有李白的。《仙人掌茶》是李白非常重要的一首诗。

现在我们来看非常喜欢喝茶的郑板桥的诗：

湓江江口是奴家，郎若闲时来吃茶。
黄土筑墙茅屋盖，门前一枝紫荆花。

这一首诗非常有趣，里面有很深远的含义，有很深刻的感情。以前提亲就是要吃茶。请你来吃茶，其实是希望你可以过来提亲。

茶的本身是中性的，酒一样也是中性的，可是茶跟酒有很大的不同。酒是激情，茶是冷静；酒使你放散、外放，茶使你内敛；酒使你豪放，茶让你怀想、怀念。

古代了不起的诗人大概都是一方面爱喝酒，一方面爱喝茶，喝酒时豪放，喝茶时内敛。

古代人以茶会友，以茶见证友情故事，时常让后人感动。在现代生活里，人们更应该珍重与朋友分享的情谊。

以前，台湾跟大陆的交通不是那么方便，每次我到大陆都会采购很多的茶。比如去武夷山，光是茶就买了八十斤；或者到龙井，也是买了几十斤的茶。

过海关上飞机时行李都会超重，海关的人觉得很奇怪：为什么要带这么重的行李？打开一看，全部都是茶。

到了台湾以后，我就会把找到的这些茶分享给朋友，每次他们喝这些茶的时候，就好像跟着我的足迹到了杭州去喝龙井，到了苏州去喝碧螺春，到岳阳去喝君山银针，或者到青城山去喝贡茶一样。循着足迹，怀想当时的状况。

台湾的茶树都是灌木，长得很矮。可是在大陆，茶是乔木。比如，在普洱茶的产地，茶树很多是乔木，非常高大。在蒙顶山，你可以看到已生长千年的茶树。

当我把这棵茶树的茶叶带回台北跟朋友们一起分享时，他们更感动。这棵茶树已经有八百年甚至一千年的历史，在这千百年的时间里，茶一代一代地传了下来，和朋友一起分享的传统也传了下来。

为了友谊而存在的茶，可以打破时间的观念，可以跟一千年前的诗人一起对饮，比如说喝茶的时候想到陆羽、白居易、苏东坡，就好像我们跟他们一起喝茶；你可以打破空间，可以跟曹雪芹一起喝老君梅（老君梅就是君山银针）。你也可以打破一切状态，回到眼前这杯茶。眼前的这杯茶很重要，正如禅宗所说的“一生一会，一期一会”。

儒家茶道

有朋友问我：“为什么清明一定会下雨？‘清明时节雨纷纷，路上行人欲断魂。’”

我就答：“清明节下雨，因为后代子孙思念祖先的眼泪，都在清明的时候落下来。”

清明扫墓祭拜祖先，是儒家的传统，儒家说：“慎终追远，民德归厚矣。”如果通往死的这一条慎终的路行得好，追思遥远的祖先，那么人民的道德就会归于淳厚。

十几年来我走遍偏远的山区，比如说陕北、贵州，甚至在吉林、黑龙江，经常会看到在简陋的房子里面，人们用红纸在案上写上“天地君亲师” 五个字。

在某些节日，这些乡人会供清茶三杯，闭起眼睛来祈求老天爷或过世的父母亲、老师保佑他。

为什么供养天地君亲师的是茶，而不是其他的东西呢？

茶是最纯的，可以回到人之最初。从这儿就可以看到茶跟儒家的关系非常隐晦。儒家的思想不那么高调，可在生活里自然而然地就产生了作用。茶在中国人的日常生活中无处不在，而茶道与儒家思想融会贯通。在民间的茶礼和茶俗中，更是潜藏着深刻的儒家文化精髓。

有一次我到福建的土楼，土楼被联合国认为是自然文化双遗产。在土楼里有一个祠堂，祠堂是祭拜祖先的地方。在这里，原住民会告诉他的孩子祖先怎么创造、怎么一代一代努力地把优良的传统传下来，这也是儒家传统。

对于个人的修身养性也是儒家传说。譬如，格物致知、诚意正心、修身、齐家、治国、平天下，这是儒家根本的思想。

儒家也认为：达则兼济天下，穷则独善其身。如果你发达了，要去兼济天下，促成好事，让所有的人都可以一样好；不达，在生命里碰到很多挫折，或者理想不能完成，这个时候你要独善其身，把自己照顾好。这两者都是善。

恻隐之心人皆有之，这个叫善，即要去体贴人的想法、情绪。

我到山西大家族的老房子，一走进家族宗堂，就看到四个字“茶能生善”。大字下面有一个台子、一个瓶子、一个钟，这叫作终身平静。

你要生善、平静，才能“至和”，才能处理好人跟人之间的关系。“和”就是家和万事兴的“和”，也是“兄弟同心，其利断金”这种“和”。

道家跟佛家让你知道茶禅一味，茶跟禅两者结合在一起，产生了新的样貌。

道家就是通过喝茶使自己飞到更远的地方。

儒家是中庸、中道、中和的，每一个不同的细节都可以让你品味。

儒家主张在喝茶中沟通思想，创造和谐气氛，增进感情，入世思想对中国人的人格产生着深刻的影响。

茶适合给那些精益求精的细腻的人。

茶道的内涵“精行俭德”，是非常儒家的。行，实践、厉行，要去救世；

俭就是俭朴，生活很简单；德就是道德、德行，变成一个有德行的人。

儒家认为喝茶可以塑造理想的人格。儒学里面有几个非常重要的理想，其中重要的就是创造理想的人格典型。孔子教导他的弟子要形成一个理想的人格典型，即诚意正心、修身、齐家、治国、平天下，理想人格确立以后，生活也就大致确立了。规规矩矩，一步一步地向前迈进，积极无畏。

慢慢变成一个有文化修养的人，在生活、行为、道德上建立起有更高文明的优雅社会，这是儒家所追寻的。

我经常想起一首诗：

书画琴棋诗酒花，当年件件不离它。
而今七事都更变，柴米油盐酱醋茶。

在“柴米油盐酱醋茶”跟“书画琴棋诗酒花”之间建立沟通就是儒家所擅长的。

讲到儒家、佛家、道家，就会想到大珠慧海禅师。

他的一个徒弟问他：“师父，儒释道三者有何异同？”

慧海禅师说：“儒释道三者，小者见异，大者见同。”

儒释道是三种思想。如果心胸一开阔，从比较宏观的角度看儒释道，就会发现三者没有什么不同。

儒家朱熹在他的一生里有两个重要的东西，第一个是喝茶，第二个就是中庸。

《朱子语类》记载：朱熹跟学生在一起喝茶，就问学生：“如果吃很甜的东西，吃过就感觉到酸；苦的东西吃了以后却觉得是甘美的，茶从来是很苦的东西，可是吃过以后却回甘了。”

学生就问："这到底是什么道理？"

朱熹说，生活处在忧虑、辛苦的状态，最后却终于逸乐。

当把"礼"做严格，可以去实践时，万物就各得其分，这叫"至和"，最后达到整个世界和谐的状态。

中庸是儒家的基本主张，是对和谐、平衡、友好的认识和追求，而茶道很好地体现了这种思想。

世界茶道

我在英国旅行，朋友带我去喝下午茶。走进茶店，我大吃一惊：整个店爆满，大家都在喝下午茶，只有非常少数的人在喝咖啡，

我们坐下点茶，发现光是茶就有二十种，我点了一杯在中国也很少人喝的荔枝红。

荔枝红生产于广东岭南地区。岭南盛产荔枝，人们在做红茶时会把荔枝肉剥下来，跟着茶一起烘焙，再把荔枝壳跟荔枝的种子丢到火炉里面烧，这样烘出来的茶有荔枝的味道，熏烧出来的茶味道就更浓，茶也非常甜美。

听说荔枝红在英国销量不错，可是在中国反而很少人喝，当时我看着菜单就在想：这么多茶全部都是红茶，竟然没有绿茶，绿茶还有很大的空间。

如果把绿茶推广出去，它应该可以流行到更远的地方。

说到中国茶的外销流行，在世界上，唯一可以跟中国茶抗衡的大概就是日本的茶。有时候在欧洲或者在美国旅行，跟别人讲到茶道，他们会恍然一笑地说："就是日本的茶道吗？"

其实茶道是中国的，只是日本人把它传播得更广。我会跑到京都、奈良，甚至九州等一些产茶的地区。在找茶的过程中，我就在想：日本的茶道为什么会兴盛呢？

翻找日本饮茶最早的资料，可以找到一些日本茶道的线索，比如说一部日本的古书《奥仪抄》，该书就讲到天平元年，也就是 729 年，圣武天皇在宫中召僧百人讲《大般若经》，讲完了以后，他赐茶给大家，这个年代也是陆羽的《茶经》出版的年代。

日本的饮茶成为一种文化，大概跟中国茶道相当，日本茶文化一千多年从来没有断过，是努力推行才有了今天的结果。

对日本茶道有影响的几个重要的人物，我简单介绍一下：

荣西禅师（1141—1215 年），他是《吃茶养生记》的作者，也是第一个大规模地在日本种茶的人，被称为日本的茶祖。

比较接近现代的道元禅师（1200—1253 年），是曹洞宗在日本的开山祖师。日本的禅宗到现在都还很兴盛。

道元禅师有个非常有趣的故事。他曾经到中国留学，学成后坐船回日本。很多徒弟跑到码头来迎接，看到师父一下船就一拥而上问："听说师父在中国已经开悟了，师父到底悟到了什么呢？"道元禅师就说："我终于知道了眼睛为什么是横的，而鼻子是直的。"

村田珠光（1423—1502 年），他创造了草庵式的茶道。在珠光之前，茶道都是在寺院里，珠光把茶道移到草庵——在一个四叠半榻榻米的小屋里喝茶。

千利休（1522—1591 年），他可以说是日本茶道的集大成者。他精准地创造了一种草庵式的小茶席，大小比四个半榻榻米还小，大概只有三个榻榻米那么大。为了配合这么小的榻榻米，他就设了很多茶具，舍弃了中国式茶具。日本的茶具是从千利休开始的，后来影响了整个日本的茶道，他把茶道推到了新高峰。

一直到现在我们还可以在寺庙，或者在京都的河边看到很多茶堂，它们保留了一千年前的样子，不过现在日本的茶道也做了一些改变。

比如说在高级的餐厅、饭店都可以喝到传统的抹茶。你可以点一碗抹茶，慢慢品味现代环境，品味一碗抹茶的传承，那感觉很特别。

在发展茶道上，日本有很了不起的发明。比如做了很多易开罐的茶饮料，以及大瓶、小瓶等各种瓶装的饮料。日本人做了改革，把最好的茶叶做成罐装的饮料，这种饮料可以做到跟泡茶的味道接近。

在日本，不管小孩子、年轻人、老年人，都喜欢喝这种罐装的饮料。如果在家里请客，也不必自己泡茶，只要把饮料加热即可，这种茶的品质跟好品质的茶一样。

除此之外，日本的知识分子研究茶道时也写了很多现代的著作，这些都影响了世界，甚至让很多欧洲人、美国人觉得茶道就是日本的，而忽视了茶道的祖国是中国。

韩国也是受中国影响很深的一个国家。韩国最早的关于茶的记载是出自《三国史记》里面的《新罗本纪》：

冬十二日，遣使入唐朝贡，文宗召对于麟德殿，宴赐有差。入唐回使大廉，持茶种子来，王使植地理山，茶自善德王时有之，至于此盛焉。

高丽时代茶道大兴，草衣禅师（1786—1866年）大力提倡茶道，他写过一部《东茶颂》，记载了韩国当时种茶的热潮：智异山花开洞，茶树罗生四五十里，东国茶田之广，料无过此者。

韩国人喜欢喝茶，由于地理的关系，产茶地都在南方。但产茶的量也不是很多，经常要从中国进口。我曾经在青瓦台找到一家茶店，买到非常好的茶——林中细雀。这种茶就是雀舌，像小麻雀的舌头，带回家泡开以后滋味非常甘美，有点像我们中国南方的雀舌。

韩国除了茶道，也发展了很好的茶具，在将近一千年前，韩国就烧出了青瓷，他们称之为高丽青瓷。高丽青瓷有点像我们在法门寺地宫挖出来的秘色瓷，其颜色非常青绿、透澈，一直流传到现在。

东方喝茶喝得最厉害的就是中国、日本跟韩国，在西方当然就是英国。英国人喜欢喝工夫红茶、小种红茶，喝茶的量远远超过中国人。据载，2006 年世界产茶的总量共有 351 万吨，红茶占百分之七十，绿茶占百分之三十，英国人喝的茶叶并不会输给中国人。在 19 世纪之前，红茶的占比甚至高达百分之九十，那时候绿茶的产量只占全世界茶总产量的百分之十。

1637 年，英国船抵达广州；1657 年，英国开始卖茶，到现在已有三百多年的历史。

英国最早卖茶的一家茶店叫汤马斯 · 葛维。这原本是一个咖啡店，从中国进了茶以后它开始卖茶。为了推销，老板贴出一张海报，从海报中我们不但可以看到茶叶外销的情况，还可以看到英国人是怎样看待中国茶的。

他这样写着：茶叶效用卓著，惠及闻名之国家。无不高价出售，此种饮料为一般人欣赏，其质地温和，冬夏皆宜，饮之有益，可保持健康，颇有延年益寿之功。

英国有咖啡馆兼卖茶的历史传统。

1679 年，茶叶的销量很大，英国伦敦开办了茶叶拍卖市场，这是当时全世界最大的茶叶拍卖市场。纪录最高的时候，它所拍卖的茶叶甚至占全世界总额的百分之六十。

根据史料记载，第一个喝下午茶的人是 19 世纪中叶具德公爵的夫人，她叫安娜·玛利亚。因为她是公爵夫人，举办茶会这种风气很快就流传开来了。

在上海的滨江大道上，也能看到有人在喝下午茶，比如传统的英国下午茶。英国下午茶有盘子，有好几层，置于小架子上。最高时有三层，用于放不同的东西，第一层放可以吃饱的东西，第二层放甜点，第三层放一些小点心。

英国非常讲究下午茶，他们除了喝茶之外，还创造下午茶的茶具，比如说两层的盘子、下午茶的茶杯，这些茶杯很精美，别国的国王也非常喜欢，这形成了一种风气。

德国、英国、意大利都做瓷器，特别是茶具，做得非常好，这些做瓷器的店很多都是百年名店了。

除了中国之外，日本、韩国、欧洲各国都有很多人喜欢喝茶。当然美国也有，不过是非常小规模的。美国人喜欢的东西都是非常快速的，这种快速是跟茶道互相抵触、背道而驰的。

茶道对人的身体健康、思想、灵性都有很大帮助。可是打开地图，你会发现，这个世界上喝茶的人还是少数。

中国茶还有很大的可以推广的地方。茶道看起来好像没有什么，可是茶道背后，带着思想的影响、带着文化的影响、带着境界的影响。如果世界上有更多的人喝茶，世界就会更趋于美善，人就可以更和睦地相处。

未来茶道

陕西法门寺地宫，是当今世界上年代最久远、规模最大、等级最高的佛塔地宫。其中出土的唐朝茶具系列，更是从一个侧面展示出一千多年前中国盛极一时的茶道文化。这些茶具被整理出来，放在旁边的一座博物馆里。

当我看到那些唐朝留下来的茶具时，百感交集。这些茶具已经达到了人类工艺的高峰，即使找来现代最好的工匠，给他一样的材料，他也做不出同样的茶具来。

唐朝茶具数量之庞大、系统之繁杂，也是现代人难以想象的。

所有的茶具没有一件是未达到最高峰的。这就是陆羽所说的“耻一物不尽其妙”。

在博物馆绕了一圈，我心里起疑：比起唐朝，如今我们的茶文化是进步还是退步了？在这些精美的茶具面前，现代中国的茶文化到底应该怎样继续发展下去呢？

如果把唐代茶具和现代茶具摆在一个桌子上来看，可以说喝茶的文化是退步了，比不上唐朝的人。

读史料让我觉得，不只是茶文化退步了，关于茶的研究、茶的思想也退步了。作为一个现代的中国人，想到这个问题，心里常常悲伤焦急。

特别令人忧虑的是，古代的人几乎从小就喝茶，像陆羽、苏东坡等，从小就跟着长辈喝茶，后来才成为茶道专家。

现在，我们都说喝茶是老年人的事，年轻人不需要喝茶，或者小孩子不宜喝茶。现在的小孩子都喝什么呢？碳酸饮料，比如可乐。

为什么孩子或者年轻人不喝茶呢？这是一个值得反思的问题。

历史上曾经辉煌一时的茶文化，如今饱受现代饮料的冲击，悠久的文化传统该怎样更好传承下去呢？

泡茶可以创造一个空间，一个可以让人活在当下的空间。小孩子很活泼调皮，通过泡茶的形式可以让他们安静下来。

在泡茶的过程中，他们会非常安静温柔的。泡好了这杯茶以后，他们才去玩乐。

我的小女儿才三岁，就可以泡出很好的茶。她泡茶的时候非常安静，这时我就会跟朋友讲：你看这个小女生，没有泡茶的时候像一个新的灵魂，泡了茶以后就变成了“老灵魂”。

什么是“老灵魂”呢？

动物的那种野性，通过泡茶这种训练，也可以变成一个“老灵魂”。“老灵魂”是指有文明、有文化、有教养、能体贴、能静心。

如果孩子的性情得到调养，将来读书、求学、生活都可以保持在安定的状态，他不会散乱，也不会动摇，这是非常好的教育孩子的方法。在泡茶的过程中，可以让孩子认识到历史、文化、民族的源远流长，以及民族的伟大，让他们可以很自豪地说：“我是一个中国人，我们有非常优秀的文化传统。”

教孩子泡茶是使他们趋向未来，这也是未来茶道发展的一个非常重要的方向。

青年人都习惯喝大罐的、瓶装的饮料，我们可以学习日本人，用最好的茶做成健康的饮料，并且用好瓶子来装。由此可以让年轻人更亲近茶，并产生一些新的想法。

走访各地的茶馆，我发现中国的茶馆有一个特色——古色古香，幽暗地吊了灯笼，古旧的桌子、泡茶的茶具等，都老旧、传统。我们这种老人进去会觉得很习惯，可是年轻人谁会走进这样的店呢？

想起参观过的苏州博物馆，那是建筑师贝聿铭的设计作品，他把它盖得非常现代。建筑物运用了传统的元素，并且进一步结合现代元素被创造出来。

我就在想：为什么茶艺馆不能盖成这样子呢？有现代因素又有传统的元素，让年轻人很容易喜欢。更进一步说，我们可以舍弃所有的传统的硬件形式，创造出完全现代化的茶艺馆，这也不是不可能的。

我们希望留给下一代的是什么样的形式，在这一代就应该努力地去思考。

在历史上，佛家、道家、儒家是分开的。可是到了现代生活，哪里还有什么分别呢？

假日里，我到佛寺里拜佛，我便是佛家的；山上散步，看着春花秋月，那时候我的心便是道家的；在家里孝养父母、教育子女，在社会上奉献心力，这时候我便是儒家的。如今，我们的生活已经完全打破了古人的界限，儒释道三者合一。

茶道的未来，也应该打破这些古代的界限。

茶的类型并没有高下之分。人在喝茶的时候，可以更自由自在一点。

比如说，早上喝普洱，据说喝普洱对身体好，普洱没有咖啡因，比较醇厚；到了中午吃完饭，可以泡一杯龙井喝，可以使内在保持平衡的状态；晚上跟朋友聚会可以喝乌龙茶，可以一起喝老人茶、工夫茶。

打破形式，对于禅、对于爱茶的人而言，是非常重要的。

保持在完全放松和自由的状态，你才能到任何的地方，品尝不同的茶，才能和世界上任何一个国家的人交流，并且让他们品尝你从中国带来的茶。

都说陆羽是儒家的代表人物，实际上他是儒释道合一的人物。他非儒，非释，非道，实际上也是即儒、即道、即佛的圣者。

他写出《茶经》不是偶然的，《茶经》是时代的总结，也是各种学说的总结。

朱熹也是打破界限的人物。他早年醉心佛教，出入于释老者十余年。尝师其人遵其道，求之亦切至矣。

程颢有《秋日偶成》诗：

闲来无事不从容，睡觉东窗日已红。
万物静观皆自得，四时佳兴与人同。
道通天地有形外，思入风云变态中。
富贵不淫贫贱乐，男儿到此是豪雄。

很多人都读过“万物静观皆自得，四时佳兴与人同”，此句意思是坐下来静观万物，可以在万物里面得趣、得理，可以看到春夏秋冬不断变化，这四时都是非常美的、与人相融的。这首诗打破了儒释道的见解，打破了有史以来的时空界限，打破了各种学说的界限。

茶是好茶，它千丝万缕地连接了很多东西，包括找茶过程中碰到的趣事、碰到的有趣的朋友，这都是茶背后的因缘和意义，这都会对我们有很好的启发。

中国是茶的祖国，也是茶道的发源地。通过对茶的研究和理解，希望能够共同来创造一个茶道的未来，我们需要的并不是技术性的东西，而是思想、内涵、文明。

希望将来中国茶可以真的推行到全世界，也希望将来中国茶可以一代一代地传给我们的子孙。希望后辈从小就知道怎么样安定自己的心，怎么样和这个世界处于融洽的关系，每天自由自在，开怀地过日子，而这才是茶道的最终目的。

平民的茶

中国茶道里有宗教的茶道、有宫廷的茶道、有文人的茶道，中国还有一种茶道大概全世界都没有，那就是平民的茶道。

有一段时间我住在成都，每天一大早跑到公园的茶座去喝茶。那是一个可以容纳成百上千人的公园，从中你可以感受到民间非常旺盛的生命力。这种民间的茶道应该是韩国、日本，甚至英国这些以茶作为国饮的地方都很难体会的。遗憾的是，民间的茶道很少被记录下来。

很少在典籍里能看到以前的老百姓是怎么喝茶的。大多数时候，只看到那些文人高士或者和尚道士在喝茶。

民间的茶道其实是很值得研究的。在历代的茶人里，能找到两位，一位是袁枚，一位是郑板桥。

袁枚的《随园食单》传世最广，这本书不单是吃的笔记，也是做菜的笔记，凡是学中国菜的，没有不看这本书的。这本书是很多厨子的教科书。

《随园食单》里有非常重要一部分——“茶酒单”。袁枚的茶单很有趣，在四十几年的时间里，他对茶的认识是天下有四种好茶。如果你没有喝过茶，跟着袁枚的茶单喝这四种茶，你就知道什么是天下的好茶了。

第一种是武夷茶，在武夷山喝武夷茶，“杯小如胡桃，壶小如香橼，每斟无一两，上口不忍遽咽”。

喝这种茶时，不应该马上吞进去，而是要含在嘴里，先嗅其香，再品其味，徐徐咀嚼而体贴之。

第二种叫龙井茶。杭州山茶处处皆清，不过以龙井为最耳。

“每还乡上冢，见管坟人家送一杯茶，水清茶绿，富贵人所不能吃者也。”我正好有相同的体验。有一年清明节，我到杭州去找茶，路过一个坟墓时看到一位老先生在那里祭拜。天气很热，我坐在岩石上面休息，那位老人家就倒了一杯茶给我喝，喝罢便觉得真是天地间的美味。后来我读了袁枚的茶单，发现这个经验真的与之很相像。在杭州，不管是富贵的人，还是贫穷的人，他们都可以喝到非常好的茶。

第三种好茶叫常州阳羡茶。“深碧色，形如雀舌，又如巨米，味较龙井略浓”，阳羡茶非常小，小到像麻雀的舌头，又像大一点的米粒，味道比龙井稍微浓一点。

阳羡就是现在的宜兴，但如果现在去宜兴找茶的话会比较遗憾，因为那里全部都是茶壶，找不到好茶。

最后一种是洞庭君山茶。袁枚说：“洞庭君山出茶，色味与龙井相同。叶微宽而绿过之。采掇最少。方毓川抚军曾惠两瓶，果然佳绝。”

他把这些茶都品评完毕，“此外如六安、银针、毛尖、梅片、安化，概行黜落”，他只肯定这四种茶。这是一个很绝对的老头子。这些茶给他带来的感动是说不清楚的，没有太多的道理，就是感受。

乾隆是最喜欢茶的清朝皇帝，他一生写过的茶的诗歌有几百首。在数量品质上，可以跟他媲美的要数郑板桥了。郑板桥是扬州八怪之一，他写过一个到处都能看得到的匾——“难得糊涂”。他因字画非常独树一格而成名。另外，他是生活家，很懂得喝茶。如果去扬州八怪的纪念馆，你会看到郑板桥的画像都是持着木杖在喝茶。

郑板桥写的诗完全没有文言拗口，他把诗歌写成白话，易懂的同时又让人非常能感受到充沛的感情和力量，其作品感动着后世的人。

他关于茶最有名的故事记载在《扬州杂记》里。“扬州二月，花时也。板桥居士晨起，由傍花村过虹桥， 直抵雷塘，问玉勾斜遗迹，去城盖十里许矣。”竹子和树林围墙之间，他看到一个没有锁的门就叩门而入，徘徊花下，有一老媪捧茶一瓯，延茅亭小坐。墙壁上贴了郑板桥的词句，他看到就开心地问：“识此人乎？”

老太太说：“闻其名，不识其人。”

告曰：“板桥即我也。”

老太太大喜，呼曰：“女儿儿子起来，赶快起来，郑板桥先生在此也。”

老太太的女儿久闻郑板桥名篇《道情》的文采，于是恳请他留下笔墨。郑板桥欣然答应，挥毫写下《道情》十首，并另外题了一首《西江月》：

微雨晓风初歇，纱窗旭日才温。绣纬香梦半朦腾，窗外鹦哥未醒。

蟹眼茶声静悄，虾须帘影轻明。梅花老去杏花匀，夜夜胭脂怯冷。

这一首诗词写的是他当时的那种心境，写得非常美。碰到这个女孩子，会有一种美好的心情，心情是朦胧的。“蟹眼茶声静悄”，茶水正沸，先是蟹眼，接下来是鱼眼。蟹眼就是很小的泡泡，鱼眼就是很大的泡泡，小的泡泡茶是没有什么声音的。“梅花老去杏花匀”，冬天的梅花老了、谢了，杏花开得正好、正美，胭脂到了夜晚非常冰凉。

这对母女看了诗后非常开心，笑领词意，觉得板桥先生写得很好。

老太太就说："闻君失偶，何不纳此女为箕帚妾？"

板桥曰："仆寒士，何能得此丽人？"

老太太就说："我并不求她嫁一个非常有钱的人，能温饱即可。"郑板桥答应，如果考上进士，会回来娶这个女子。

这个老太太和女子就说："好，我们可以等你。"于是就以郑板桥所赠送的词作为订婚的信物。

第二年，郑板桥考上进士，留在京城。

"饶氏益贫，花钿服饰，折卖略尽。宅边有小园五亩，亦售人。"附近有钱的商人跑来提亲，这个老太太心动了，希望把女儿嫁过去，没想到十七岁的少女非常坚持已与郑公之约。郑板桥的一个朋友听到这件事情后就告诉郑板桥，郑板桥最后回到扬州来娶亲。

故事是郑板桥自己写的。一次意外的相遇成就了一首借茶抒怀的《西江月》，也成就了一段浪漫的民间爱情故事。郑板桥的这篇《扬州杂记》现已作为清代四大墨迹经典，收藏于上海博物馆。

郑板桥喜欢茶，每到一个地方都有人找他题诗写茶，他更能让人们感受到平民茶道简单而优美的力量。郑板桥也撰写了大量关于茶的对联，他可以说是历代写关于茶的对联写得最好的人。

他写过一个对联，是扬州清莲斋的对联：来从名士能评水，自古高僧爱斗茶。

他还有一个对联：白菜青盐苋子饭，瓦壶天水菊花茶。

一些寻常的东西，在他的笔下就变得非常动人。看到这些对联，就如同看到一位品茶的老先生，他对茶有特殊的见解，语言是民间的，却有力量。

他写过一个对联：扫来竹叶烹茶叶，劈碎松根煮菜根。菜根和茶叶都是世间最寻常的东西，每个人随手都可以拿到，但是能够品味菜根，能够品味简单的、平民的茶道，必须要有很好的文化素养。

平民的茶里也有文化的传承和素养。如果我们可以吸纳它并将其变成自己的东西，也可以像袁枚或者郑板桥一样，游走在山林之间，可以在食物、茶、酒，在生命里那些微小的不起眼的时刻，进入那种更深刻的体会、更优美的情感。

友谊之茶

读茶圣陆羽的资料时，令我感动的有两处：一是陆羽和师父智积法师的感情，二是陆羽和皎然法师的友谊。

陆羽是一个弃婴，完全不知道自己的身世，他在自传里开头就说：“陆子名羽，字鸿渐，不知何许人。”名和姓都是他自取的。他卜卦得了“渐”卦，这是很吉祥的卦。《易经》记载：“上九，鸿渐于陆。其羽可用为仪，吉。”意思是鸿鸟逐渐登陆。鸿鸟的羽毛可以做仪礼用。“陆羽”是陆上的羽毛，“陆鸿渐”则是鸿鸟逐渐登陆。从这里可以看到陆羽的用心与立志。

陆羽不知道是被谁捡到的，只知道他三岁被复州竟陵龙盖寺的住持智积法师收养。智积法师看出他根器不凡，在他九岁时，就教他学习佛教经典。

不知道是佛典对于九岁孩童来说过于深奥，还是智积法师过于严格，陆羽对佛法兴趣不大，反倒是喜欢诗文创作。放牛的时候，他常在牛背上学作诗文，甚至到了忘情的地步，时常因此受到责难。十三岁的时候，陆羽忍无可忍，逃离寺院。

传说，陆羽善于烹茶品茗是受了智积法师的影响。因为他自幼为智积法师煮茶，智积喜茶善茶，在一旁指导陆羽是很自然的事，并非刻意传授。

事实上，茶道的奥妙岂是可以言传的？

陆羽对茶的领悟力极高。几年之后，智积非陆羽的茶不饮。陆羽的不告而别，想来对这位老师父的打击必然很大，传说智积从此“断茶”。

这件事传入唐代宗李豫的耳中，他感到不可思议，就召智积入宫，令宫中的茶师奉上名茶，智积只喝一口，就放下不饮了。唐代宗又密召陆羽进宫，由陆羽亲自煮茶，请智积品尝，智积一饮而尽，忍不住流下老泪说：“这真像是陆羽煮的茶呀！”

唐代宗这才让阔别多年的师徒相见。

这虽然是传说，但这种境界完全是有可能的。我们在生活中常遇此等情境，例如，广告上说的“有妈妈的味道”，或者像我们惯于去某一特别的咖啡厅喝咖啡，都是心意相通的结果。这种“有陆羽之味的茶”使我们知道，茶道里不只是泡好茶，实有深刻的感情因素。

话说陆羽离开寺院之后，到一个戏班子里当丑角，据说还写了剧本。后来在竟陵演出的时候，受到竟陵太守李齐物的赏识，李齐物亲自教他诗文，还介绍了一位姓邹的夫子教他诗文。

一个懂茶道的人必然是有诗心的。由于陆羽会烹茶，且与李白、杜甫、颜真卿都有来往，他的文名很快就传扬开来。安史之乱后，因为苕溪出好茶的缘故，他在苕溪隐居。这时，他和诗僧皎然、隐士张志和结为莫逆，经常在一起煮茶论诗。

皎然与陆羽的交情很深，陆羽在自传中形容他们的友谊是“缁素忘年之交”。在皎然的诗里，曾有多首谈到陆羽，有一首是《九日与陆处士羽饮茶》：

九日山僧院，东篱菊也黄。
俗人多泛酒，谁解助茶香？

俗人在酒中应酬，怎能知道友谊之茶是多么香呢？还有一首《寻陆鸿渐不遇》，是皎然去找陆羽但没有找到而写：

移家虽带郭，野径入桑麻。
近种篱边菊，秋来未著花。
扣门无犬吠，欲去问西家。
报道山中去，归时每日斜。

清晨就到山上、黄昏才回来的陆羽，恐怕是到山上去采茶了吧！

有一次，皎然和颜真卿、陆羽一起登妙喜寺，写下《奉和颜使君真卿与陆处士羽登妙喜寺三癸亭》，其中有四句：

境新耳目换，物远风烟异。
倚石忘世情，援云得真意。

皎然是历史上最有才的诗僧，他留下来的诗有四百七十余首，其中有许多诗都提到陆羽，可见陆羽是个很得朋友喜欢的人。可惜陆羽的诗多未留传，仅存的一首是《会稽东小山》：

月色寒潮入剡溪，青猿叫断绿林西。
昔人已逐东流去，空见年年江草齐。

在唐朝，有当官资格而不就仕的人被称为“处士”。《荀子·非十二子》云：“古之所谓处士者，德盛者也，能静者也，修正者也，知命者也，箸是者也。”陆羽曾被任命为东宫府太子文学的官，又奉召为太常寺太祝，但是他宁可过隐逸的生活，泛舟江湖，寻访山寺，与朋友饮茶谈诗，可见他是一个摆脱了欲望束缚、志行高洁的人。因此，在《茶经》中，他开宗明义地说，懂喝茶的人一定是“精行俭德之人”。

“精行俭德”恐怕还不够，还要懂得感情，茶中要有友谊的芬芳。陆羽是一个孤儿，但他一生结交了许多好友，写下全世界第一部关于茶的经典，不枉他的“茶圣”之名。

陆羽在自传里写到，他与朋友约定后一定守约：“虽水雪千里，虎狼当道，而不愆也。”每念及此，我便心胸为之震动，仿佛看到陆处士在千里雪原上奔赴朋友的茶会，宛若天地中都飘着茶香。

茶与酒不同，茶是为更清明、更深刻的友谊而存于世间的。

爱，永远保持分享

朋友来家里喝茶，看到我从茶叶罐中倒出茶叶，不禁对茶罐上写的“金柱茶”大感疑惑。

朋友说：“我喝遍了台湾的好茶，怎么从来不知道有一种茶叫金柱茶呢？”

这时我总要解释一番：金柱茶是我的屏东好友庄金柱送给我的。庄金柱是品茶专家，自己懂得烘焙茶叶，有时焙出好茶，就会送一些与我分享。我为了感念朋友，就以朋友的名字来命名。这样，我在喝茶的时候，就会对朋友充满感谢与祝福。

不只是金柱茶，在我的茶叶罐上，标示着许多朋友的名字，像“韦陇茶”“孟珊茶”“张耀茶”“淳珍茶”“木兴茶”“卯琳茶”“传茶”“纯育茶”等。以朋友的名字来为茶命名，比起以地名、茶种命名要好得多。一来，喝茶的时候，我们有一种美好的感情，被友谊所充满，茶的滋味就好了几分。好茶不就是为了友谊而生在世间的吗？二来，可使我们永志不忘一些美好的因缘，想到分散异地的朋友，此时此地可能和我们喝着相同的一泡茶，那种分享共同经验的感受就突破了时空，在天地间交融了。三来，可使我们扩散友情的芬芳，把朋友送的茶分享给更多的朋友。虽然大家互不相识，却在小小的茶叶中结了善缘，将来因缘和合，终有相逢、相惜之日。

因此，朋友的名字不是比“鹿谷”“文山”有感情吗？不是比“乌龙”“包种”好听得多吗？

我把这种缘由说给朋友听，大部分人都深有同感。但是也有一些人会质疑：“如果喝了不好的茶，不会边喝边骂朋友吗？”

我说：“假如能体贴奉茶的心，朋友送的茶里是不会有坏茶的。何况，如果能分享，普通的茶叶也会有深刻的芬芳。”

在我的信念里，朋友最好的境界就是“分享”。如同两个月亮互相照明、心心相印，不只分享生活中一切美好的事物，也分担生命里遭逢的困顿与痛苦。只有我们愿意分享，才能保持着爱朋友的心。

“好东西要与好朋友分享”，这不是一句广告词，而是生命中真实的体会。在枯寂的人生之路上，如果不能分享，不是将永沉于黑暗的深谷吗？

第一位女茶师——李冶

在陕西的时候，我很想去两个地方，一个是大雁塔，另一个是法门寺。

大雁塔在大慈恩寺内，是玄奘法师译经的地方。传说，玄奘因担忧经文梵箧遇到火难而散佚，乃请唐高宗皇帝采西域之制，建大雁塔安置梵箧。

大雁塔的来源还有两个传说，都非常动人。

一是，在一位菩萨舍身的纪念日，大慈恩寺的法师聚集在一起诵经。这时，一群大雁呈“人”字形飞过天空，有一位僧人起了一念：“我们生活艰苦，一直不能饱腹，菩萨也应该知道吧！尤其是今天这个他舍身的日子。”

他的念头才闪过，空中雁群里就有一只大雁突然笔直坠落，当场触地而死。为了纪念这只舍身供僧的大雁，于是就在它触地的地方盖了一座雁形的宝塔。

二是，曾有猎人在大慈恩寺外射雁，一只大雁被射中了，它的伴侣悲啼数声，飞上高空，然后急速撞地而亡。为了纪念这对大雁彼此间的情深义重，大慈恩寺的僧人遂盖大雁塔以为见证。

法门寺则是收藏佛骨舍利的地方。唐朝皇帝唐宪宗经常迎佛骨舍利入宫供养，使得韩愈很看不过去，写了《谏迎佛骨表》给唐宪宗。

我想去法门寺，不只是为了瞻礼佛骨，而是为了地宫。多年前，因法门寺的宝塔崩塌，地宫被发现了，这座地宫保留了非常重要的茶文化，还是首次被发现。

1988 年，法门寺发现的茶具，制成于唐咸通九至十二年（868—871 年），为唐僖宗皇帝御用的真品，保留得非常完整。这套唐朝宫廷用的茶具，是迄今世界上发现最早、最完善、最精致的茶具文物。

法门寺地宫的茶具包括：

一、烘焙器：金银丝结条笼子、鎏金飞鸿球路纹笼子。

这两件都是烘烤团茶所用的。茶具通体剔透，工艺精巧。可见早在唐代，金丝编织工艺已达到极高的水准。

二、碾罗器：鎏金鸿雁流云纹银茶碾子、鎏金飞天仙鹤纹银茶罗子。

因唐代用团茶，煮茶之前，要将团茶烘烤，用茶碾子碾碎，再用茶罗子筛茶。当时的人品茶，多是自碾自罗，这也是品茶者酝酿品茶情趣的重要过程。

陆羽在《茶经》中主张碾罗器要用竹木制成，法门寺出土的茶具显然豪华得多。由此可见，帝王饮茶比一般人讲究得多，很会享受。

三、贮茶器、贮盆、椒器：鎏金银龟盒、鎏金人物画坛子、鎏金蕾纽摩羯纹三足架银盐台。

唐人吃茶，以茶粉末放入盛具中烹煮，加入椒、盐等作料，调成糊状，一起吃下。

四、烹煮器：鎏金飞鸿纹银匙、鎏金飞鸿纹银茶则。

银茶则是投茶时的匕状量具，形如勺。银匙则在煮茶时用来击沸汤面，使茶末融于汤中。

五、饮茶器：鎏金伎乐纹银调达子、素面淡黄色琉璃茶盏及茶托、五瓣葵口圈足秘色瓷碗。

可见以琉璃制成的茶具，早在唐代就已启用。从色茶碗可看出，茶具在唐朝已经在造型、釉彩、纹色等方面达到最高境界了！

法门寺地宫得以保存如此完整的茶具，是非常偶然的。原来，晚唐的皇帝经常到法门寺拜祭佛骨舍利，祈愿“圣寿万春，圣枝万叶，八荒来服，四海无波”。文思院特地为唐僖宗打造的这套茶具，不知是唐僖宗拜祭时供养佛陀所用，还是随行喝茶所用。茶具就存放在法门寺的地窖里，地窖上又盖了宝塔，如此才能经历千年还毫发无损、完美如新。

这套茶具使我们知道，茶道在唐朝不只是成熟的文化现象，具有深邃的思想内涵，还是精美的艺术形式，是生活的完美实践。

宫廷是封建社会的最高层，也是社会意识的源头，既是时尚与文明的典范，又是传播文化思想的中心。当皇帝讲究饮茶之道，御用茶具金碧辉煌、华美富丽到了极致时，饮茶在当时社会的风靡也就可想而知了。

我们将饮茶分为不同的层次：民间茶道是为了联结友情，品味人生；寺院茶道是为了超脱世俗，宁静致远；宫廷茶道是为了拣精择极，奢华享受。

在研读法门寺茶具的历史资料时，我意外地发现唐德宗有一位宠妃李冶，她竟是中国第一位女茶师，而且还是茶圣陆羽的红颜知己。她的身世坎坷离奇，令人感慨万千。

安史之乱后，陆羽离开竟陵，沿长江而下，经过鄂州、黄州、彭泽等地，最后抵达湖州。湖州风景秀丽、人杰地灵，邻近地区的茶、泉都非常好，加上结识了方外之交皎然，陆羽便在湖州定居下来。

经由皎然的引荐，陆羽认识了一位色艺双绝的女道士李冶。李冶原是吴兴一带的名伎，在诗歌艺术上有很深的造诣，后来看破红尘，出家修道。由于她长得美丽非凡，写得一手好诗，又能谈禅论道，所以附近的名士都乐于结识她。

初次见面，李冶向陆羽敬了一杯香茶，没想到陆羽只向杯中看了一眼就说："久闻李道姑以诗才著称，没想到尚未摆脱庸俗之气。"

李冶吃了一惊："我们尚未开口交谈，陆处士何以断定我未脱庸俗之气？"

陆羽说："从这杯茶就可以断定了！"

李冶不解。

"你所居的吴兴，啄木岭茶名扬天下，顾渚山的紫笋茶更是历代的贡品，但你泡的茶和俗人一样，辱没了好茶。"

李冶更为惊奇："茶还有道俗之分吗？"

陆羽说："茶，乃养生之精，可以解热渴、驱凝闷、缓脑痛、明眼目、息烦恼、舒关节、荡昏寐，长期饮用可以有利悦志、增益思考……这些还在其次，善茶之人必有五美，即味之美、器之美、火之美、饮之美、境之美。茶的境界与诗情道心并无分别，境界高的人才能泡出天人合一的滋味呀！"

李冶听了虽心中大为叹服，但口中依然不服："你还没有喝这杯茶，怎么说我未脱俗气呢？"

陆羽说："茶水煮开时，小滚为鱼目，大滚为蟹眼，唯有鱼目与蟹眼，茶叶才能显味。你用尚未开透之水泡茶请我，以致茶叶浮水、茶香未出，显露出你泡茶的时候心不从容、意不平宁、志不专一，这不是和俗人一样吗？"

李冶听了若有所悟，当场拜陆羽为师，学习茶艺。陆羽当晚即留宿观中，住了半个多月，这段时间除了与李冶谈诗论艺，就是传授烹茶品茗之道，李冶很快就领略其中的要诀。后来，陆羽常来与她煮茶论道，使她的茶艺走向了新境界。不久之后，李冶烹茶煮茗的声名也震动八方。

唐建中四年（783年），德宗皇帝闻知李冶的诗名茶名，特地下诏召她上京觐见。唐德宗一见李冶，惊为天人，当时李冶已经四十几岁了，但姿色脱俗，气质更是非凡。唐德宗惊喜之余，把她强留在宫中，并召幸了她。

第二年，大将朱泚发动政变，唐德宗仓皇逃走，后宫佳丽都被弃在宫中。朱泚入宫后找到李冶，被她清雅不凡的风韵所倾倒，把她占为己有。李冶迫于无奈，只好跟随在朱泚身边。

这场叛乱很快被平息了，唐德宗再度回京，恼恨李冶对他不忠，下诏将李冶处斩。

中国第一位女茶师，诗艺与茶道都达到高峰，然而她却在男性无知与霸权的心态下不明不白地死了，死在那些心不从容、意不平宁、志不专一的俗人手里！

李冶的形体如茶香飘散了，但她从陆羽那里学来的茶道艺术却流传了下来。至今吴兴一带用的还是她的烹茶方法，听说湖州一带著名的擂茶就是她传下来的绝技。

读完李冶的故事，我掩卷叹息；再想到法门寺地宫里那些皇室的茶具，更是怅惘无限。李冶当年也是用这种茶具煮茶来侍奉庸俗的皇帝，她未能像她的老师陆羽那样，听到皇帝召见，便连夜出逃，浪迹天涯。她的心也是怅惘的吧！如同用未开透的水泡出的茶叶，半干半湿、半绿半黄地浮在水面，水是水，茶是茶，人已非人。

即使是一片茶叶，也要在天地间寻找知味的人呀！

这样想来，那只在大慈恩寺大雁塔舍身的大雁，在万古长空中虽只有小小的身影，在一朝风月里，却又翼长万里，覆盖了整个蓝天。世间的俗人，可能在一生里偶得风月，以权势和粗鲁压服人，最后也只是历史里的一点烟尘煤灰！

茶的境界——陆羽

有一次我到蒙顶山去找茶，在蒙顶山上吴理真生前所在的寺庙后面看到一个石碑，上有七个字：高士无茶不风流。

风流就像天上的风、地上的流水那样的自由自在。

如果把这些风流高士的名字列出来，陆羽当然是第一个不可或缺的人。

陆羽，唐朝人，出生后被父母抛弃，后被竟陵禅师带回寺庙里抚养长大。竟陵禅师精通茶道，陆羽受他影响，从小就和茶结下了不解之缘。陆羽本没有名字，传说是根据《易经》的卦象取了陆羽这个名字，意思就是“陆地上飘着的一根羽毛”。

从小泡茶

陆羽小时候做师父的侍者，师傅泡茶，他就在旁边看。此外，师父还教他认字、读经。比较特殊的是，陆羽不喜欢读佛经，他反而对诗词歌赋和治国平天下的儒家经典非常有兴趣。到了他七岁的时候，师父就劝他出家，没想到陆羽拒绝了师父。师父非常生气，把他毒打了一顿，陆羽非常难过，他想：“如果继续住在庙里，大概也没有办法逃脱师父的教导，所以我应该离开这座寺庙。”

根据他的传记，他长得很丑，又有口疾，离开从小长大的寺庙和师父，他能怎么生存呢?

他乡遇贵人

他看到巡回表演的戏班，就跑到戏班去当小丑，跟随戏班到处流浪，戏班的人还教他识一些字。

有一天，他在一个地方表演，那时候他才13岁，他碰到一位贵人——河南太守李齐物。李齐物看这个孩子还挺有才华的，就把他留在身边。

读书启发思想

陆羽有很好的因缘。太守教他读书，在读书的过程中，陆羽对茶道产生了更大的兴趣。在他所学的东西里面，他学得最好的就是泡茶之术。

在喝茶的过程中他产生了一些想法：我长大以后要饮遍天下之茶，要把天下所有的好茶都喝遍。好茶跟好水当然要配在一起，以后我还要品鉴天下之水。

以前喝水跟现在不一样，现在喝水很容易，以前是要找水。水被分成很多种不同的层次，比如说泉水、井水、雪水。下雨的时候挖出来的水，还有河水、江水，这些都是可以用来泡茶的。水的高下不同，如何去品评水的高下是泡茶的人非常重要的功课。

他立志要“饮遍天下之茶，品鉴天下之水”。带着这样的想法，陆羽四处跋涉，走遍了当时中国的各大茶区，对茶叶、水质和茶具进行深入的研究。

中国有七个大茶区，一个茶区走路大概要两三个月。走到那个茶区，他就开始了解茶、做茶、研究茶。

这是一种流浪的生活，这种生活有一个比较坚实的基础，这个基础就是茶道。

立志把书写成经典

古人对茶的一些见解或许早就存在，到陆羽时他才把它们综合起来，他开始想要写一部茶书。他一开始定的名字就叫《茶经》，气魄很大，境界很高，很了不起。《茶经》写的范围非常广，讲到茶、怎么做茶、茶具、做茶的水等。后来，《茶经》果然成了经典。

陆羽的书里有很多的见解，比如他讲到，泡好茶要用最好的泉水。为什么呢？因为泉水更甘甜。接下来才是井水或江水，江水会有鱼虾的味道，所以不会是最好的。这个看法至今还影响着世人。

好茶和好水有很密切的关系，他说：“凡是好茶，必产在有好水的地方。”所以，如果你到一个地方想要喝好茶，千万别只用法国的矿泉水来泡茶，要泡茶就在当地找当地的泉水泡，那是最好的。这是陆羽当时的创见。他还说：“茶最宜精行俭德之人。”茶里有人生，这跟茶后来的发展有深刻的关系。

一本《茶经》影响后世

陆羽所写到的地方，经过一千多年全部都变成风景名胜，他写过的茶全部都变成天下名茶。

我在找茶的过程中，曾经去过很多陆羽没有去过的地方，比如说武夷山、江南一些地方。那里的茶堂、茶室有一个很特别的地方，入内大概都会贴一个对联：

若有陆羽持公道

便是人间第一茶

意思是说，如果陆羽到我们这个地方，喝了我们的茶，他肯定会觉得我们这里的茶就是天下第一的。陆羽当然没有到那个地方去，这些地方的人都觉得挺遗憾的，没有被陆羽的脚踏足。没有让陆羽亲临现场，就是非常可惜的。

性情率真的陆羽

陆羽是一个真性情的人，很容易感动，情绪不掩藏，喜欢表达。用现代的话来说，就是他的身心是非常纯真的。

他的传记有一段记载：

常扁舟往山寺，随身惟纱巾、藤鞋、短褐、犊鼻。

常常乘一小船往来于山寺之间，随身只带着一条纱巾、一双藤鞋、一件短布衣、一条短裤。

往往独行野中，诵佛经，吟古诗，杖击林木，手弄流水。

往往独自一人走在山野中，朗诵佛经，吟咏古诗，用手杖敲打树木，用手拨弄流水。

夷犹徘徊，自曙达暮。至日黑兴尽，号泣而归。

到处流浪，步行、散步，从白天到晚上。到晚上兴头已经没有了，就哭泣着回家。

一个孤儿想到自己的身世，不知道自己姓什么，名字是自己取的，一辈子到处流浪，没有亲人，只剩下朋友，就觉得很痛苦。为什么他在一生中会有那么多的朋友呢？他是一个性情中人。从历史上那些被人熟知的大文豪、大文学家、大诗人中，我们可以看到，只要是名留青史的，应该都是性情中人。只有拥有很丰沛的感情，才可以写出感人的作品。

性格率真的陆羽把茶道看作人生中至高无上的追求，而对于荣华富贵不屑一顾。皇帝下圣旨召他为官，陆羽却以一种非常的办法拒绝了皇帝的好意。在他的传记里，有一段这样的记载："御史大夫李季卿宣慰江南，喜茶，知羽，召之。羽野服挈具而入……"有一个名叫李季卿的御史大夫到江南来宣慰人民，他很喜欢喝茶，知道陆羽善茶，便把陆羽找来。面对御史大夫的召见，陆羽和平常一样，穿着粗布衣裳，拿着茶具就去了。

李季卿说："陆君善茶，天下所知。扬子中泠水，又殊绝。今二妙千载一遇，山人不可轻失也。”

陆先生精于茶道，天下人都知道。扬子江的中泠泉水又极妙。今天天底下最好的两种东西碰在一起，陆先生不可错过这个机会啊。李季卿当然也不会失去陆羽和最好的泉水这个机会，所以就请陆羽来喝茶。

陆羽就像平常一样，很用心地泡了茶。御使大夫李季卿喝了茶，赞美这个茶很好喝，于是就叫身边的奴婢给陆羽赏钱。陆羽非常生气，回到家就写了一篇名叫《毁茶论》的文章，他觉得这些人都不会喝茶，喝了茶竟然赏钱给自己。可见陆羽的心是多么高傲。

这是陆羽传记里的一个故事，面对御史大夫的举动，他觉得受到侮辱，敢于回应。陆羽一辈子都非常穷，可是他的心一直很高傲。

陆羽一辈子曾经有两次被皇帝请去做官的机会。

皇帝身边有很多人都知道陆羽，都向皇帝推荐他。第一次，皇帝请陆羽当的官叫“太子文学”。太子文学就是教太子读书，是太子的私人教师。诏书送到陆羽住的地方，当时陆羽住在山上，大老远就看见大队人马送诏书来，他就翻墙逃走了。他根本就没有接那个诏书，他自己也不知道皇帝要让他做什么官。如果打开圣旨，你就得跪下来接旨；如果不去，你就是违抗圣旨，是要砍头的。干脆跑走，没有接到就算了。

皇帝还是不死心，第二次发一个诏书给他，这次的官职叫“太常寺太祝”，就是请他主持皇家的宗庙礼仪，陆羽也是一样逃走。第二次逃走后陆羽就不知所踪了，没有人知道他跑到哪里去了。

在历史上多少名利之辈想尽办法做官，做官有种种好处，名气、利益、权势、影响力……没想到在陆羽看来，如同粪土。

陆羽由于品德高雅的名声在外，加上茶艺精湛，很受当时文人的欢迎，不少名人都喜欢和他在一起煮茶论诗，比如李白、杜甫、颜真卿等。陆羽和他的这些朋友之间，也有不少有趣的故事。

陆羽的一生，结交了很多朋友。其中有两个比较有趣的朋友，一位叫皎然，另外一个有趣的朋友叫李冶。皎然是一位出家人，是唐代非常有名的诗人，他留下来的诗歌有四百多首，其中有将近百首是和陆羽或与茶有关系的。皎然和陆羽成了好朋友以后，也会给他介绍好朋友。

陆羽的心胸开阔，他能写出《茶经》，就是他人格和风格的展现。如今，我们都可以去寻找他的踪迹。在我们中国，凡是陆羽所到之处，大概都会有陆羽的雕像、陆羽的碑。陆羽到过的水井，如果你走一圈，就会感同身受。

陆羽是一个了不起的伟大人物。一个平凡的孤儿，从最底层出发，最后被当成最崇高的神来敬拜，你可以看到这种成长、这种落差是何等巨大。这也正好是中国茶道里非常重要的一种精神，无论是贫穷之人还是伟人，都可以在喝茶的过程中体会到很美好的意境。无论是平凡之人，还是境界最高的、开悟的禅师，都可以在喝茶里体会到很好的意境。

陆羽的一生正好给我们传递了这样的信息，在品茶的过程中，带着美好的信念，就会时时感到茶的美好、茶的温暖、茶的境界。

茶的通透——苏东坡

苏东坡是文人中跟茶因缘最深的。李白的家在江油，苏东坡的家在眉山，虽然李白跟苏东坡的家乡都在四川，但是李白在二十几岁离开家乡后就再也没有回去了，而苏东坡离开家乡后，因为父亲过世曾经回去奔丧一次，住了一段时间也再没有回去了。

诗人的家乡到底在哪里？诗人的家乡并不在一个城镇，也不在一个固定的地方；诗人的家乡在他写的诗词里，在他的心灵里，在他留给人们的感动里。

苏东坡带给我们的也是这些东西，经过这么长的时间，我们还可以时常在他的诗词里面读到一些美好的东西。

苏东坡姓苏名轼，号“东坡居士”，是北宋时期著名的文学家、书法家，作有《念奴娇·赤壁怀古》《水调歌头·丙辰中秋》等名篇。

苏东坡跟茶的因缘很深。他一生大起大落，多次被贬职，但他却一直保持着豁达与乐观的心态，不管身居何处，喝茶总是他不变的爱好。

他做官以后，从政治上看他是很不幸的。他一辈子仕途都不是很顺畅，每次看起来要升官时就会发生事故，就会被贬到很遥远的地方。他在京城的时间很短，在外面流浪的时间很多。

可是从另外一个角度看，这对苏东坡未必不是一件好事。他被贬官的地方正好都是茶叶生产最兴盛的地方，比如说浙江、湖南、湖北和岭南等，这些都是非常重要的产茶地区。他每被贬到一个偏远的地方，那个地方的茶就跟他产生很大的因缘，发生很多的故事。

苏东坡品茶的趣事

苏东坡在杭州住了三年，在任杭州通判时发生过几个有趣的故事。

他刚刚就任，当地的人不认识他。有一天，他穿着布衣在寺庙附近散步，看到一间寺庙就走进去，和尚看到他，就说："坐。"然后对旁边的小沙弥说："茶。客人来了，泡个茶给他喝。"苏东坡坐下来跟老和尚聊天，讲了几句以后这个和尚觉得这是一位不凡的人物，出口成章。苏东坡表明了身份，和尚才知道原来他是位大名人，就说："请上坐。"把他请到里面上座，然后跟小和尚说："泡好茶。"

苏东坡名满天下，是一个通才，他不但诗词写得好，书法也好，画画也好，各种才华都达到很高的境界。和尚跟苏东坡喝完茶，就跟苏东坡请字："你可不可以帮我这庙前面写两幅字挂起来？"苏东坡很爽快地答应了，和尚就把纸打开请他写字。苏东坡写了一副对联，这副对联是这样写的：

坐，请坐，请上坐。

茶，泡茶，泡好茶。

和尚看罢，感到非常羞愧。

这个故事是苏东坡刚到杭州时的一个小故事，后来被当成一段禅的公案。

苏东坡与竹筹

很多人可能不知道，苏东坡不但喜欢品茶，对茶道也有着独特的贡献，他的一生中还有一些关于茶道的有趣发明。

苏东坡被贬到宜兴，宜兴也是一个好地方，产阳羡茶。

有一天，他叫童子取水："你去金沙寺旁边取泉水回来泡茶。"那个童子就提着水桶出去了。童子贪玩，碰到熟人，就在路上玩了一阵子。后来突然想到还要去取泉水的任务，就很紧张，此时再赶到金沙寺，时间已经晚了。他怕回家后被主人责骂，有个小孩就提议："金沙寺太远了，你在附近提一桶井水回去就行了。"于是童子就提了井水跑回去。

苏东坡一泡茶就知道这不是金沙寺的泉水，把这个童子骂了一顿。

过了一段时间，苏东坡又叫他去提水，又发生同样的事情。

苏东坡就想了一个办法，拿了两个竹筒（竹筒在古代也叫筹），并把竹筒染成不同的颜色，把一片交给金沙寺的和尚，他跟和尚说："我家那个童子如果来提水，你就把这个竹筒交给他。"每一次他叫童子去取水，都会把一个竹筒交给这个童子，让他拿到金沙寺跟和尚的竹筒对调。

直到现在，有的茶艺馆还有人在用这种竹筒，只是现在已经不是用来交换了，而是用来泡茶，是把茶叶打开或者压茶的一种竹片。

可以说，苏东坡走到每一个地方都会有一些新的故事、新的东西，想起来也觉得非常有趣。

苏东坡与提梁壶

苏东坡住在宜兴时，每次泡茶都会用宜兴的紫砂壶。

但是，苏东坡喝的茶量很大，听说他最多的时候一天可以喝三百杯茶。他觉得当时常用的小东壶容积太小，喝得太慢了，就想做一个好一点的大茶壶。于是他和宜兴做紫砂壶的工匠要了一团泥土，回去以后就把泥土捏成一个很大的茶壶。

捏好之后他想把这个茶壶烧出来，但是茶壶没有柄会烫到手，他苦思冥想：到底怎么样才能做出一把自己想要的壶呢？这时他抬起头，看见房屋上的屋梁，通过梁的形状得到灵感，他把梁的形状放在茶壶上，给壶取名“提梁壶”。如果大家到宜兴，大概还会找到式样非常接近苏东坡当时做的“提梁壶”的壶。

苏东坡的咏茶诗

苏东坡作为唐宋八大家之一，写下许多脍炙人口的咏茶诗歌，其中有一首回文诗，更是令人拍案叫绝。

这一首回文诗叫《记梦二首》，是他在做梦时写下的。可以说，这是历史上写得最好的回文诗。

什么叫回文诗？回文诗就是顺着念也行，倒着念也行，转着念也行。

近代有很多茶叶店，喜欢在茶罐上面写“可以清心也”这五个字，这种句式就叫回文。因为我们也可以念“以清心也可”“清心也可以”“心也可以清”“也可以清心”，如此循环往复就变成了一首回文诗。

苏东坡写的这一首回文诗很美好，可以说是前无古人，后无来者：

《记梦二首》

酡颜玉碗捧纤纤，
乱点余花唾碧衫。
歌咽水云凝静院，
梦惊松雪落空岩。

顺着念就是这个样子，现在回文倒过来念：

岩空落雪松惊梦，
院静凝云水咽歌。
衫碧唾花余点乱，
纤纤捧碗玉颜酡。

这是在写他半夜睡觉时，梦到有一个很美丽的女子送给他一碗茶，他看到她的手臂非常的白皙，就好像美丽的花掉在她绿色的衣服上面。他好像听到歌声，水、云、院子是这么安静，梦惊醒了，松雪落在空空的岩石上。

这首诗非常美，倒过来念境界也是一样高。整首诗透露出很好的逻辑思考以及诗人的文字素养，可以说文字在他的手上到了出神入化的境界，才有办法写出这样的回文诗。历史上很少有人敢写回文诗，写得这么好的，当然就更少见了。

苏东坡的这一首回文诗流传至今。

苏东坡谈茶的妙用

苏东坡写了一篇名字叫《仇池笔记》的文章，他把生活里一些小小的心得写出来，写成一本小书，其中有一条写到茶：

除烦去腻，
不可缺茶，
然暗中损人不少。

此文意思大概是：想去除人的烦恼跟油腻，不可以缺少茶；但是如果你喝茶喝得多了，身体就会受不了，特别是体寒的人。

然后苏东坡又写：

吾有一法，
每食已，
以浓茶漱口，
烦腻既出，
而脾胃不知。

意思就是：我有一个方法，每吃完饭我就用浓茶漱口，漱完口以后，烦恼跟油腻都吐出来了，可是我的肠胃并没有受到伤害。在漱口的时候，只要用普通的中下等的茶就好了，漱过以后牙齿会坚固。茶里面有很多的微量元素，它们会使牙齿变得更坚固，减少牙病。

这段话到后来也被传下来。宋朝以后的大部分文人都是用浓茶漱口的，因为那时候没有牙膏牙刷。从中你可以看到苏东坡在生活中会注意很多细节。苏东坡不只是诗人，不只是文学家、画家或者书法家，他还是一个生活家，他对生活非常讲究，对生活的理解或者体会远远胜过一般的人。

苏东坡一生喜欢茶、钻研茶，真可谓是“高士无茶不风流”，而他对于茶的喜好也影响到了身边的朋友，作为苏东坡得意门生的黄庭坚就深受他的影响。

苏东坡以茶会友

每年清明或者茶叶收成时，苏东坡就会把茶包一包，送给几位远方的朋友。

苏东坡也有一些朋友在产茶的地方，这些好友会把当地很好的茶送给他。他有很多非常杰出的诗歌都是关于茶的，尤其不乏跟朋友互相赠茶来往的。我们现在来看苏东坡跟他的徒弟黄庭坚互赠的茶诗。

黄庭坚的家在江西双井，双井也是产好茶的地区，双井茶是宋代名茶，也是贡茶之一。产茶了，黄庭坚就把茶寄送给苏东坡，然后附了一首诗：

《双井茶送子瞻》

人间风日不到处，天上玉堂森宝书。
想见东坡旧居士，挥毫百斛泻明珠。
我家江南摘云腴，落硙霏霏雪不如。
为公唤起黄州梦，独载扁舟向五湖。

大概是说，我家的双井茶收成了，把茶包一包送给我的老师苏东坡。想到老师他只要拿起笔来，一写就能写出几百斗明珠（表示苏东坡文思泉涌，写字写得很快，而且写得很好，像明珠一样）。我的家在江南，采的这些茶白得连雪都自叹不如，我把这些茶寄给你，是希望唤起你以前在黄州的一些回忆，希望有机会可以有扁舟载着你到我这里来，让我们得以相见。

这首诗是唐宋八大家里面非常重要的一首诗。苏东坡收到茶叶后，他泡了一壶茶，也写了一首诗回寄给他的徒弟黄庭坚：

《鲁直以诗馈双井茶次韵为谢》

江夏无双种奇茗，汝阴六一夸新书。

磨成不敢付僮仆，自看汤雪生玑珠。

列仙之儒瘠不腴，只有病渴同相如。

明年我欲东南去，画舫何妨宿太湖。

诗的意思就是说，在江夏种出来的茶天下无双（“汝阴六一”是指欧阳修），我把你寄给我的茶拿来磨泡。磨好了我不会叫童子去泡（因为这是很要好的朋友送的茶，他要亲自去泡）。明年我想去东南，我不坐扁舟，我会坐画舫，可能会停泊在太湖边上，以期可以跟你会面。

师徒通过茶互相往来，两人都有一种非常深邃的情感在茶里面。我曾经跟随苏东坡的脚步，凡是他被贬到的地方，只要有机会，我就会跑去看，比如去湖北看苏东坡的赤壁、去杭州看苏东坡筑的堤防、去岭南看苏东坡一天吃几百颗荔枝的地方等。

唐宋八大家每一个都有自己的专长，但唯一打破所有的界限，通透所有的事情，每件事都做到最顶端，使我们抬头仰望的，只有伟大的苏东坡。

茶的快乐——宋徽宗

在历史上，与茶关系最密切的两位皇帝，一位是北宋的宋徽宗，另外一位是清朝的乾隆皇帝。

乾隆皇帝和宋徽宗都写了很多关于茶的诗歌，但宋徽宗是唯一一个写了茶书的皇帝，他写的这一部书叫《大观茶论》，大观是他的年号。

《大观茶论》成书于 1107 年，全书共二十篇，这本书对北宋时期茶的产地、制作、品质、斗茶风尚等均有详细记述。很少有人注意到宋徽宗曾经写过一部这样的茶经，即使他不是一个皇帝，这一部书也足以传世。宋徽宗对茶的热爱促进了宫廷茶道的发展。

几年前我到黑龙江去旅行，经过了一个小城，名字很好听，叫依兰。陪我到黑龙江跟吉林的朋友问我知不知道这个依兰在历史上非常重要，曾经有两个宋朝的皇帝死在这座城里。

我第一个想到的就是宋徽宗。国家被灭亡了，宋徽宗跟他的儿子被俘虏，被带到依兰这个地方。宋徽宗晚年很凄惨，根据历史学家的考证，宋徽宗死时手里拿着半个土豆，这半个土豆还是用牛粪烧火烤熟的，还没有吃完他就死了。贵为皇帝，却饥寒交迫，最后饿死在这个偏远的地方。我觉得非常悲伤。

宋徽宗非常有才华，他诗歌写得非常好，一想到宋徽宗，首先大概就会想到很多浪漫的诗歌。其次，他的字写得非常好，他的字叫瘦金体，在历史上独成一格，只有具有柔美跟纤细的心灵，才能写出瘦金体这样的字。

除此之外，他还是一位非常了不起的画家。他的画传世至今，宋徽宗有一幅很珍贵的花鸟画《珍禽图》，大概三四年前，那小小的一幅，当时在北京嘉德拍卖场拍卖，以两千三百五十万人民币卖出。宋徽宗还留下了几幅大的画，譬如《文会图》，现在收藏于台北“故宫博物院”。这幅画就是画他自己，内容是在皇宫里宴请大臣喝茶。

这个画是非常有趣的。贵为皇帝，有很多服侍的人，本不应该亲自泡茶，可宋徽宗偏爱亲自泡茶，可见他对茶是有研究的。这样一个有才华的皇帝，却治理不好国家，最后还把国家亡了。这样看来，茶修养内在，而修养和能力不同，即使修养提升到很高的境界，也没有办法完全解决国家、政治、经济、社会等各方面的困境。

不过我们现在很幸运，宋徽宗的《大观茶论》还是留传下来了。这个《大观茶论》除了是以皇帝的身份写的之外，还代表了一种宫廷的茶道。

那么宋徽宗为什么会想到要撰写《大观茶论》呢？

宋朝饮茶风气浓厚，茶成为高雅和修养的象征。宫廷的茶道跟民间的茶道不一样，比如说，法门寺地宫出土的唐僖宗的茶具，茶具取出来以后依旧完整如新，大家都惊讶于古人竟然有办法把整套茶具做到这么完美的巅峰状态。

我曾经听台北“故宫博物院”研究茶具的朋友说，泡茶的茶杯可以做到完全透明的形态，灯光透过去会非常美。这种茶具在英国叫骨瓷，是可以透光的，它是用百分之五十的骨头、百分之五十的瓷土搅拌七天七夜烧出来。在中国古代，这种茶具不用骨而是用瓷土制作，瓷土怎么可以烧得那么薄呢？烧瓷人从小就练捏瓷土的本领，以至于后来可以把瓷土捏到非常薄。由此捏出来的茶具敲起来锵然有声，声音非常清脆，灯光可以透过去。

《大观茶论》里有很多关于茶的论述，现在读起来都是非常动人的。

比如，宋徽宗在序里就说，在他的统治之下天下太平，人人有闲暇，闲暇之余就可以去追求好玩的东西，其中很重要的一项就是喝茶。富人们不惜把家里的美玉、黄金拿出来，以期吃到最好的茶。人们用竹子编各种茶具，比较谁的茶具最精美。除了茶具之外，还会比较谁的茶好。贫穷之人也去买茶，他们不会觉得这样很过分。喝茶已经变成一种全民风尚。如此，国家才能治理得很好，凡是人才都可以被我所用，草木里的灵气也可以尽其用。

宋徽宗在写《大观茶论》的时候，北宋基本处在比较富强的状况，天下太平，人尽其才，物尽其用。

接下来他说："我自己也很喜欢喝茶，我会利用闲暇去研究茶的精微的部分。一般的人不知道的，那我就把这些全部都写出来，总共写了二十篇。"这二十篇以古代著作的创作篇幅来讲，已经算是非常长篇的记载了。

作为一国之君，宋徽宗对茶的认识有个人心得和观点，其中有一篇叫《地产》的文章讲到茶要种在什么地方。宋徽宗说，山上的茶要种在阳面，地上的茶要种在阴面，阴阳相济，则茶滋长得其宜。这一个观点到现在还适用。这个观点也是宋徽宗通过研究得到的。

还有一篇《天时》讲到要怎么样做茶。惊蛰开始做茶，时间是很紧迫的。天气冷了，茶叶就开始生长，采茶以后茶工也要有从容的态度，如此茶的色味才会两全，颜色味道也才会好。

我们都知道采茶的时间是非常紧迫的。比如说，明前茶跟谷雨茶的味道就是不一样，价钱也不一样。清明之前，清明之后、谷雨之后的茶，各不一样。如果是秋天采的茶，这种茶在懂茶的人那里简直就是毒药。

时机非常重要，譬如说有一篇《采择》说到，采茶一定要在太阳还没有出来之前采，太阳一出来就要停止，太阳一照射，茶的雾气就散了。采茶不能用手指头采，一定要用指甲去断芽，即把茶芽掐断。掐断后如果放在身上则会被我们的汗熏到。茶可以吸收味道，譬如说，如果你把茶树种在桂花树旁边，茶就有桂花的香气；如果把茶树种在桃树旁边，它就有桃花的香气。为了使茶保持在一个新鲜、纯洁的状态，茶工通常都会带着水壶、水桶，采到茶芽后马上投到水里。等到采完茶以后，把整桶水跟茶芽提下山，然后再来做茶。这都是有研究的。

还有一篇非常重要的文章叫《鉴辩》，讲的是鉴别、分辨茶。当你得到茶后，要去鉴别它，看看它是不是一块好茶。好茶色彩晶莹剔透，不会杂乱。现在我们还可以用这个标准去鉴别茶，“质（缜）绎而不浮”，即拿起来有重量，在水里会沉下去，茶块很紧密，想把它碾碎要用很大的力气，这样的茶就可以说是好的茶。

除了茶，宋徽宗也研究器皿。有一章他讲到盏，茶盏就是喝茶的杯子。宋代喝茶的杯子不大，大概就是一个拳张开这么大的一个盏。最好的盏叫兔毫盏，兔毫盏里面有像兔子的毫毛一样的纹路，一条一条的。宋徽宗说，色彩青黑、里面像玉兔的毫毛的盏，就是比较好的盏。青黑的碗有玉毫在上，可以焕发出茶的色彩。

宋朝喝茶跟现在不一样。宋朝的茶需要先碾碎，然后在茶碗里打开，这个过程中它会有各种变化，这个变化叫水丹青，就像水在茶里画画一样。好茶碗非常重要，茶碗等于画布。

宋徽宗还提到泡茶之水要清澈甘甜，尤以山泉和井水为佳。而茶的色香味也颇有讲究，好茶的味道甘香醇滑、熏香四溢，最为上品。

宋徽宗对自己泡茶的技术应该也是非常自豪的，他经常在御花园里举办茶宴，而且几乎都是自己亲手泡茶给大臣喝。

《大观茶论》的文字非常优美，就好像宋徽宗的花鸟画、书法一样。这给我们很好的启示：茶跟文艺是连在一起的，一个人懂得画画，懂得写诗，懂得写字，懂得喝茶，懂得生活，这都是连在一起的。历史上，大部分有文采的皇帝都热衷饮茶，像康熙、雍正、乾隆、嘉庆都是很懂喝茶的。

历史上唯一一个不懂得喝茶的皇帝，是明朝的皇帝朱元璋。朱元璋颁发了一个训令：禁止喝团茶跟磨茶。

宋朝末年，整个国家因为皇帝喜欢喝茶，全国的人都喜欢喝茶。宋朝人把茶饼研磨，磨成粉的茶就叫磨茶。大家把财力都投资在茶里。到宋朝的晚期，茶饼的价钱跟黄金的价钱等同。所以，朱元璋对这件事情感到可怕，或者他担心将来还会有这样的情况，所以就禁止团茶跟磨茶。

从朱元璋以后，人们开始泡散茶。团茶跟磨茶的传统从明朝以后就没有了。

宋朝的磨茶跟团茶的传统传到了日本以及韩国，所以日本现在的茶道就是以前唐宋的茶道。

喝茶并不会使一个国家灭亡。即使是潜心于茶道的人，也要保持一个非常好的态度，一个旺盛的、积极的人生态度，这可以使我们得到茶的立意，而不会沉迷。如果因为大家的竞逐，茶价到了几百万的价格，而所有人都觉得那是正常的，这可能就不正常了。

我从依兰离开的时候，想到一位皇帝竟然在大漠里终了一生，他手里拿着一个土豆，连一杯好茶都没得喝，想到这儿，我心里就感慨万千。现在，我们可以好好地喝一杯茶，那就用非常虔诚的、感恩的心情来喝茶吧，把茶变成我们的生活，调节我们的人生，我们在喝茶里面得到欢喜，得到快乐跟幸福。

第二辑

寻茶问茶

仙茗自仙家

上青城山之前，就知道青城山是中国道教的发源地，也是道教徒心目中的圣山。

除此之外，也知道青城山有“道家四绝”：洞天乳酒、白果炖鸡、青城泡菜、青城贡茶。四绝当中最吸引我的是青城贡茶。我们早已知道茶在佛教禅宗占有重要的地位，却不知道茶在道教所占的位置。道教修行特别重视养生，在养生方面极有功效的茶，必然也为道士所重。那么，道与茶关系究竟如何呢？

青城贡茶自宋朝开始就进贡到皇宫给皇帝饮用，产量不多，极其珍贵。单以茶而言，必也有过人之处。青城山的茶到底好不好？这也是我很想探究的。

果然，一到了青城山山脚下，就看到有人卖茶，但看茶叶的形状，闻茶叶的香气，都不是上品。正迟疑间，一个十三四岁的少女拿了一罐玻璃罐装的茶叶跑来，说：“这是我们自家生产的茶叶，您要不要试试？”

我看茶叶还行，问她能不能试喝。

她说不行，青城山的茶都是不试喝的。

每两三十元，我决定买半斤茶，买回去再试。

万万没想到一走出店门，门口就围了一群人，个个都拿着“自家生产的茶”，纠缠不休。我已没有买茶的心情，落荒而逃。

卖茶的人虽然放过我，但卖假古董的、抬滑竿的，却始终有五六个人跟着我。虽然我一再表明“我并没有任何买古董的打算”“我爬青城山绝无问题，不用滑竿”，但那些人却置若罔闻，足足跟了二十分钟之久。

就在这一段路上，我已经可以断言青城山很难有什么好茶了。

我找茶的想法依然十分强烈，沿着阶梯偶有农夫、农妇卖茶，用薄薄的塑料袋放置路边，看来十分粗糙。忽然看到一个老农妇把茶放在箩筐里，茶叶较洁净，另一个箩筐卖着现采的小黄瓜。

我买了两根小黄瓜解渴，每根一元。小黄瓜滋味鲜甜，在口中化为清气。我边吃小黄瓜，边与农妇聊茶。她说：“自家种的茶分成两种，一种是保持原味鲜度，只是炒干了，并未揉搓。另一种是青城山的古法，即在炒锅中翻滚抖散，到茶叶萎缩后，在案上搓揉，再摊开冷却，以文火烘焙，反复数次，所以颜色较黑，但遇到水会还原成绿色。”

听农妇的话，确实是内行的茶农。我蹲下来检视两种不同的茶叶，香气素朴沉厚，是好茶无疑，但好到什么程度则要喝过才知道。

“我的茶是青城山最好的！”农妇说。

我向农妇买了两种茶，各一斤。她送给我一块苦丁茶砖，说常喝苦丁茶可以祛病解毒、清暑消热、除烦止渴，功效不输给青城山的茶。

告别农妇，我一口气登上了上清宫。宫门前有穿道士服在卖茶的人，是青城山自售的茶，分成人工采制和机器采制两种。人工采制的二两五十元，机器采制的二两三十元，但不论人工或机器采制的茶，包装都非常简陋。我买了人工采制的二两茶，心想：以前的皇帝喝的就是这样的茶吗？

小包里有一张简介，署名“青城山道家茶厂”，简介上说：“青城山日照、海拔、气温、土壤均宜茶树生长，品质特优，唐宋即享盛名。清代道家精制入贡，深受康熙赞赏。当今道家承袭传统工艺，制成洞天碧峰、龙芽、贡茶，经专家审评，外形紧直显毫，色泽青绿较润，内质嫩香持久，滋味鲜醇回甘，汤色黄绿明亮，叶底嫩绿鲜明，誉为名茶珍品。”

写得就像口号，无甚新意，明显的错误是青城山早在宋朝就向皇帝献贡茶了。更早的时候，陆羽在《茶经》中就记述了青城丈人山所产的散茶；唐末五代时，毛文锡在《茶谱》中描述青城贡茶：“其横源、雀舌、鸟嘴、麦颗，盖取其嫩芽所造，以其芽似之也。又有片甲者，即是早春黄茶，芽叶相抱，如片甲也。蝉翼者，其叶嫩薄如蝉翼也，皆散茶之最上也。”

青城山是道教开山之地，东汉顺帝（125—144 年在位）年间，张陵就在青城山传道，写出第一本道书《太清玄元》，死后被封为“天师”，葬在青城山，青城山因此被称为“祖庭”。

茶在青城山的历史比道家更久，《神农食经》中说：“茶茗，生益州及山陵道旁，凌冬不死，三月三日采干。”

汉代杨雄在《輶轩使者绝代语释别国方言》中说：“蜀西南人谓茶曰蔎。”——青城山区正好在蜀之西南。

晋人杜育在《荈赋》中说：“灵山惟岳，奇产所钟，厥生荈草，弥谷被岗。”——灵山即今峨山，古时将青城山归入其中。

可见，青城山的茶和青城山的道都是很悠久的，道家制茶饮茶更是天经地义，道与茶密不可分。古代的贡茶也是由道庵和僧庙共同筹办的，在青城山的九泉庵中还存有一块清光绪年间的告示牌，碑文有“道庵二十二家，每家酌派茶三斤；僧庙十三家，每家酌派茶五斤，共计茶一百三十一斤，以备精择”的字样。

青城山的道士与茶有着密切的关系，茶叶不仅是当地治生的产业，不仅需要每年向皇帝纳贡，也是修行的良伴。梁朝著名道士陶弘景曾在《杂录》中说：“苦茶，轻身换骨，昔丹丘子、黄山君服之。”陶弘景是上清派的祖师，他的七传弟子杜光庭于唐僖宗时代到青城山，住在白云溪畔，潜心修道，著作甚丰，他就认为茶可以存思、可以养生。

描写道士煮茶最传神的是清朝才子郑板桥。现今在青城山天师洞的客堂里挂有一副他的对联：

扫来竹叶烹茶叶，劈碎松根煮菜根。

这幅字写得雄劲挺拔，内容则意味深长。我坐在上清宫院内的石头上，看着正殿上的另一副对联：

泯色象于清虚，道非常道；
宰天地之化育，名无可名。

正想着，如果能在青城山上喝杯青城贡茶，不知道是件多么好的事，就突然看到院外右侧有茶楼，楼门上还有对联：

绝顶好栖真，听敲窗落叶，嘛唬岩泉，动静相同成妙谛；
危楼堪极目，看出岫间云，翱翔飞鸟，和平自在观天机。

于是我立刻跃起进入茶楼，可惜茶楼虽大，窗景也极美，里面却空无一人。我呼唤数声，无人应答，看到橱柜里的茶罐井然，却喝不到茶，心里不禁怅然。想是天机不契，但愿他日重游青城山，能在这茶楼里喝一碗茶。

下青城山时，沿路又买了一些茶。

回到台北，喝遍了青城山茶，深以沿阶老农妇卖的茶最好。玄黑的茶叶，冲了热水，即刻由黑转绿，有一股清香，不愧是青城贡茶。可惜，其余青城山的茶都有愧名山，连包装都是粗劣无比。想到以前的“贡茶时代”，茶以锡瓶精装，由专人专程送往皇宫的情景，如今没有皇帝了，但青城山连一个罐子也没有了吗？

从青城山下来，饮青城茶，读张陵天师的《老子想尔注》，他说“道乐质朴”“道不熹强求尊贵”“圣人不与俗人争”“致虚极，守静笃”。

张陵天师认为理想的心灵是“抱一、无为、好静、无事、无欲”；他认为理想的生活是“甘其食、美其服、安其居、乐其俗”；他认为理想的修行是“奉持道戒，积善成功，积精成神，神成仙寿”。读着读着，心中宽慰，也许青城贡茶没有那么糟，以前的道人也一定没有像我这样挑剔吧！

当代的佛学大师赵朴初在喝过青城山茶后曾作词赞美：“青城好，一绝洞天茶。别后余香留舌本，携归清味发心花，仙茗自仙家！”

确实，只要在心花怒放的时候，喝什么茶都很好呀！何况是传世千年的青城贡茶呢？

龙井问茶

我是清明时节到杭州龙井村的，因为听说只有“明前龙井”才是最好的龙井，而且明前龙井光是在杭州就不够卖，几乎不可能销到外地。唯有到杭州才可能找到真正的明前龙井。

但是，到了杭州，才知道即使在杭州也不一定能买到真正的龙井，更别说是明前茶了。

这次到杭州虽是应邀演讲，但心里却记挂着要找时间去喝龙井茶。杭州的朋友知道我的心愿，我夜里抵达杭州是清明的第二天，他们就请我到西湖畔喝茶。我点了一杯龙井茶，喝了之后立刻大失所望，口中虽不好意思说，心里却直嘀咕：难道这就是我魂梦向往的明前龙井吗？

幸好，第二天清晨就有机会到龙井村去品茶，而且巧遇今年龙井村的“炒茶王”比赛，比赛正在御茶室举行。选手都是从各地选出来的炒茶高手，选手们在御茶室一字排开，以手炒茶，茶香飘扬到半里之外。

龙井茶的炒制方法，可能是中国茗茶中独一无二的。茶农空手把当天采来的茶菁在热锅上压扁，经过一再炒压，直到将茶菁完全炒干为止。品相优美的龙井茶，扁如刀尖，色泽黄绿，一旗一枪，片片宛然。

我在炒茶王比赛的会场，巧遇中国国际茶文化研究会会长王家扬、执行会长杨招棣以及一些评审委员，便请教他们关于炒茶王的标准。王会长告诉我：“龙井茶向有‘四绝’之誉，即色绿、香郁、味甘、形美，炒茶王比赛当然也以‘四绝’为标准。”

至于为什么要把龙井茶炒得这么扁，则是有典故的。传说，乾隆皇帝下江南时曾到龙井茶区亲手采撷茶芽数片，置于怀中(一说夹在书中)。次日晨起，茶芽被压成扁平，形状甚美，香气甚浓，从此炒茶就炒为扁形了。

由于炒茶王比赛需时甚久，王家扬会长建议我：“何不到乾隆采过茶的地方看看？”

于是，我们沿着山道散步，去看乾隆采过的十八株御茶。杭州的朋友陈正中告诉我，那十八株御茶所产的茶叶在清明前上过拍卖会，拍卖价每斤三十万人民币，创下历史的新高。我心里盘算着：三十万人民币不就超过百万台币了吗，怎么可能？

陈正中说：“那是因为稀有。想想看，你三十万元喝到的茶与乾隆皇帝喝到的茶一样，这对有钱人来说是多么有吸引力！”

步行约二十分钟就到了乾隆采撷茶叶的十八株御茶。茶树并无特异之处，只是用围墙圈了起来，成为一个著名的观光景点。一想到这些茶叶一斤值百万台币，我就忍不住摘了数片放在口中咀嚼。不知是心理作祟，还是清明的龙井本来就好，只觉一股清香直透胸怀。陈正中说：“难得吃到御茶，多吃几片吧！”

我嚼了满口御茶，深深地呼吸，感慨地说：“我们站在皇帝站过的土地，吃了皇帝吃过的茶，和皇帝呼吸了一样的空气，但我们一分钱也没有花呀！”

乾隆采御茶的地方叫“狮子峰”，是真正的龙井茶的产地，方圆只有三千平方米左右。

但是，由于狮子峰的龙井茶实在太少了，后来在西湖诸峰的茶都称为“西湖龙井茶”。早年，西湖龙井茶分为四个品类：

产于狮子峰、龙井寺一带的称为“真正龙井茶”。

产于云栖、虎跑、梅家坞一带的称为“正路龙井茶”。

产于翁家山、杨梅岭、四眼井、九溪等地的称为“本山龙井茶”。

产于留下镇、上泗等地的称为“四路龙井茶”。

到了 1953 年，浙江省茶叶公司把龙井茶简化为“狮峰龙井”“梅坞龙井”和“西湖龙井”三个品类；1965 年起，全部称为“西湖龙井”。

不管龙井如何分类，善于品茶的人都知道还是狮峰的龙井最好。至于为何同样在西湖诸山，狮峰的龙井会最好，清朝的程淯在《龙井访茶记》中提出了一个重要的观点：

龙井之山，为青石，水质略咸，含碱颇重。沙壤相杂，而沙三之一而强。其色鼠羯，产茶最良。迤东迤南，土赤如血，泉虽甘而茶味转劣。故龙井佳茗，竟不能越此方里以外，地限之也。

如果以地质作为严格的标准，真正的龙井茶实在很有限，也正是我站在御茶园放眼四望那小小的一亩地而已。我蹲下来检视土地，果然如程淯所说，土壤是鼠羯色，含有约三分之一的沙石，可见程淯是一个细腻的观察者。

正因为龙井茶的产地如此之小，产量如此有限，所以自古以来都是一两难求的。

龙井茶的历史十分悠久，在陆羽《茶经·八之出》中就有记载：“钱塘（即今杭州）生天竺、灵隐二寺。”可见早在唐朝就有龙井茶，但龙井茶成为名茶则是在元代之后。“元诗四大家”之一的诗人虞集，晚年寓居杭州，他在游龙井时喝到了用龙井泉烹煎的雨前春茶，吟作名诗，其中对龙井茶赞不绝口：

《次邓文原游龙井韵》

徘徊龙井上，云气起晴昼。
入门避雾洒，脱屐乱苔甃。
阳冈扣云石，阴房绝遗构。
澄公爱客至，取水挹幽窦。
坐我檐葡中，余香不闻嗅。
但见瓢中清，翠影落群岫。
烹煎黄金芽，不取谷雨后。
同来二三子，三咽不忍漱。

虞集把“雨前龙井”比作黄金之芽，而茶汤清澈到可以映出群山的倒影，他把茶含在口中，舍不得动一下口、舍不得吞下的小心翼翼的情景描绘得生动万分。

到了明朝，龙井茶更为有名，诗人孙一元曾赋诗：

《饮龙井》

眼底闲云乱不开，偶随麋鹿入云来。
平生于物元无取，消受山中水一杯。

到了明万历年间，龙井茶已是一叶难求了。诗人于若瀛的《龙井茶》一诗有“一串应输钱五万”之句，一串相当于四到五两的龙井茶，意思是说，四五两的龙井茶价值五万钱。

《龙井茶》

西湖之西开龙井，烟霞近接南山岭。
飞流蜜汩写幽壑，石磴纡曲片云冷。
拄杖寻源到上方，松枝半落澄潭静。
铜瓶试取烹新茶，涛起龙团沸谷芽。
中顶无须忧兽迹，湖州岂惧涸金沙。
漫道白芽双井嫩，未必红泥方印嘉。
世人品茶未尝见，但说天池与阳羡。
岂知新茗煮新泉，团黄分冽浮瓯面。
二枪浪白附三篇，一串应输钱五万。

诗人喝了龙井茶后大为感慨，认为龙井茶的品质超过四川蒙山的蒙顶茶、江西修水的双井茶、江苏虎丘的天池茶、江苏宜兴的阳羡茶，甚至还胜过团黄茶，可见他对龙井的评价之高。

由于天下人都说龙井茶好，清康熙皇帝就在杭州设了“行宫”，并把龙井茶列为贡品。任何一种东西只要被皇帝看中，就会变得更珍贵稀有，就更难得到了。

程淯在《龙井访茶记》开头就写道：

龙井以茶名天下，在杭州曰本山。言本地之山，产此佳品，旌之也。然真者极难得，无论市中所称本山，非出自龙井；即至龙井寺，烹自龙井僧，亦未必果为龙井所产之茶也。

可见早在清朝宣统年间，真正的龙井茶就不易得，即使是到了龙井村，龙井寺的和尚泡的茶都不一定是真龙井茶，何况是别的地方。

李敏达在《西湖志》里说：“在胡公庙前，地不满一亩，岁产茶不及一斤，以贡上方。斯乃龙井之冢嫡，厥为无上之品。”

原来，真正的龙井一年才产一斤茶，都献给皇上了，哪里还有龙井茶呢?

幸好现在的茶区扩大许多，产茶的方法也有所研究、改进，平民百姓总算也可以喝到龙井茶了。

有一次，对龙井茶非常有研究的浙江图书公司的总经理毛振声和我在西湖边的茶馆喝龙井茶，他对我说：“真正的明前龙井很少有机会流落到外乡，原因之一是产量太少，光是杭州人就不够喝。原因之二是杭州嗜茶的人多，再贵的龙井也有人敢喝。”

龙井茶，特别是明前的真正龙井茶，到底有多贵呢?

毛先生说：“最早采的茶一斤一千元是很普遍的，如果像去年那样收成不好，一斤明前茶要三千元才买得到。但是龙井茶是当日采制，所以从清明前到谷雨后，每天的价格都不一样，而且价差甚大。清明前一天采的卖到一千元一斤，后一天则是五百元，这是外地人很难理解的。龙井茶的神奇也就在这里，每一天采的茶的味道都是不同的呀！”

毛先生的话使我想起欧阳修写过的几句诗：

白毛囊以红碧纱，十斤茶养一两芽。
长安富贵五侯家，一啜尤须三日夸。

我们时常为台湾的高山茶、冻顶乌龙的价格昂贵而感慨，但它们与杭州的龙井茶相比也就逊色了！

杭州嗜茶的人以天价买来明前或雨前的龙井（最稀有的是“三前摘翠”，即在社前、明前、雨前采制的茶），一两一两分开，以白绵纸包好，外面再包一层厚纸，置于瓮中，放在阴凉之处，每回只取出一两，余茶的香气才不致泄走。

“如此珍惜茶叶，是因为一年只有一次清明、谷雨呀！”毛先生风趣地说，“我每年把茶叶分装好，置于瓮中，再把瓮放在床下。每天睡觉时，只要想到今年要喝的龙井茶都已储备好了，就睡得特别安心！”

我在杭州喝到许多上好的明前龙井，使我兴起的感叹是：“以前在台北喝的根本不是龙井呀！”我也才知道，懂茶的人不惜巨资到杭州亲自把茶带回台北，才能让台北人知道龙井茶为什么是千百年来的名茶，那些茶罐上贴着“龙井茶”标志的，充其量只能说是压扁的茶叶罢了！

清明前后，每天的茶价都不同，杭州人最能深刻感受。在西湖畔有一个每天都上市交易的茶叶市场，清明前后热闹非凡，但茶价是一天不如一天。

若以时间来分，清明前数日采制的品质最佳，为“明前茶”；从清明日到谷雨前采制的次之，叫“雨前茶”；谷雨日到谷雨后五日采制的称“头春茶”；谷雨后六日到十日采制的为“二春茶”；谷雨后第十一日到立夏日采制的叫“三春茶”或“三尖”；立夏日后采制的茶则称为“四春”或“烂青”。“二春”之后的茶色青味苦，为行家所不喜。

“所以，买明前龙井的不二法门，就是找有信誉的茶行商家，用稍贵的价钱购买，如此品质才有保证。如果要用便宜的价格买好茶，则要亲自到茶乡向茶农购买。多看看，多问问，遇到好茶，价钱又合宜，便一次买足。亲自到茶乡找茶，就称为‘龙井问茶’呀！”毛总经理说。

我们从御茶处回到炒茶王比赛的现场，茶王已选出来了，我们就在当地买了一些明前茶，每斤要价人民币九百元，品质算是很好的，这应是“有信誉的茶行商家”。后来我还在翁隆盛茶行买了一些龙井，在虎跑泉的商店也买了一些产自狮峰的明前茶，价格为七八百元。回到旅店试喝，未泡时色如黄金，遇水则成碧翠；未泡时香气如炒过的糙米，遇水则有兰荷之气；味爽鲜醇，清气沁脾，真是令人“三咽不忍嗽”呀！

离开杭州的前两天，为我们开车的世贸中心司机康师傅，在带我们去六和塔看钱塘江的路上突然拿出一包龙井茶，问我：“林老师，您看这茶叶如何？”

我把那用纸包着的茶叶打开，顿时香气弥漫车厢，在打开的那一刹那就知道比我找到的茶都要好。

康师傅说，他有一个朋友是满觉陇的茶农，送了几两好茶给他。他看我们找茶找得辛苦，说可以到他朋友处看看。

“满觉陇？这名字真好听！”我说。

同行的来钧兄介绍说，满觉陇是盛产桂花的地方，茶叶由于熏了桂香，并不输给狮子峰。每年到了秋天，满觉陇的百年桂花盛开，清晨时分，农夫把纸铺在桂树下，去忙农事。中午的时候回到树下，满地的桂花，以纸就地包起来，就是一包桂花了。

这听得我非常向往，脑中浮现出秋风轻吹，桂花落在满地白纸上的情景。

这也为我解开了一个思考多年的谜题。我以前常疑惑，一大包才一百元的桂花要怎么采？又要采多少呢？现在才知道采桂花的非人，而是秋风。

我央求康师傅无论如何要带我们去满觉陇，“而且去的时间要快于吃一碗康师傅方便面”。

满觉陇果然是优美非凡的地方，满路全是一两丈高的桂树，可惜看花的季节未到，不然一定可以闻着桂香走入茶家。

康师傅的朋友在家，屋外放着今晨才从山上采来的茶叶，正放在屋檐下晒青。

康师傅一见面就对朋友说："你尽管把最好的茶拿出来，这些都是懂茶的朋友。"

茶农正色说："我这里只有最好的茶，没有别的了。"

但他又说，明前茶早就被抢光了，现有的茶是昨天——也就是清明后三日采的，品质与明前的几乎一样，但价钱只有一半。

他泡了两杯给我们试喝，只见茶叶扁平光直、叶底黄绿，在水中浮浮沉沉。明亮澄清的色泽融于水中，隐隐有桂花之气，滋味鲜嫩、清香、醇和。我闭着眼睛，缓缓咽下茶汤，只发出一声轻浅的叹息。

康师傅着急地问："怎么样？"

我说："要不是接下来要去十个城市演讲，我会把所有的茶都买了。"

于是，购满觉陇龙井茶数斤，每斤五百元。

离去的时候，我忍不住问茶农："在秋天桂花盛开的季节，采不采茶呢？"我想到陆游有首咏秋茶的诗："客生闻吠犬，草茂有鸣蛙。日映方炊饭，秋深始采茶。"如果在桂花香中采茶，一定另有滋味。福建安溪产的秋茶，名叫"秋香"，香气高爽不逊春茶，故有此问。

茶农说："有呀！采一两次，可以让明春的茶叶长得更好。但秋茶味道苦，价钱便宜，喝惯春茶的人不习惯的！"

苦，有时意味着深厚。明代的许次纾在《茶疏》中说："往日野外有于秋日摘茶者，近乃有之。秋七八月重摘一番，谓之早春，其品甚佳。"想到茶芽与桂花同出，在桂树下饮茶，一阵风来，花落满杯，那会是什么样的茶？又会是什么样的秋天呢？我默默许下秋日带妻子来满觉陇饮茶赏桂的心愿，这使我想到林逋在杭州喝茶时曾写过这样的诗句：

白云峰下两枪新，腻绿长鲜谷雨春。

静试恰看湖上雪，对尝兼忆剡中人。

喝着细腻鲜醇的谷雨春茶，静静地品尝着，感觉就像湖上下起了雪。品味这么好的茶，心里忆念着剡中的朋友呀！

茶，是为了友谊而存在于世间的。最好的茶，则是为了知味的人存在于世间。我们到处找茶品茶，不也是渴望着与知味的人对饮吗？

西湖的落雪融了，我们穿过柳树环绕与桃花盛开的湖边。环着西湖有三百多家茶馆，我们一家一家地走过，去赴生命的另一个约会……

佛国奇香

在重庆的茶行，第一次看到珠峰圣茶。

以前听西藏的喇嘛提过，藏区也产茶，当时就觉得不可思议：在高原那么寒冷、干燥的地方，怎么可能生产“南方之嘉木”产的茶呢？

既然看见了，就不可以错过，于是我央求茶行的老板泡一杯来喝喝看。没有想到，在大陆买茶卖茶都是不试喝的。

我降低要求：“不然，茶叶拿出来看看！”

老板依然摇头，因为珠峰圣茶产量极少，都是采取小包装，层层密封，不要说是看，连闻香也不可能。

这倒是打败我了，对于闻所未闻、见所未见、饮所未饮的茶，我怎么可能购买呢？平常我买茶有个怪癖，就是不买包装好的茶，买的全是散装茶。这样即使无法试喝，也能依照眼鼻的判断找到好茶。

眼前密密包装的珠峰圣茶，二两装，八百四十元，算是我看过的大陆茶中最昂贵的。每斤茶四千八百元，算是天价了。在不见不闻的情况下，如何买得下手？

老板看我迟疑不决，忍不住笑了，因为很多第一次看到珠峰圣茶的人的表情，都是这样的。

他说："别说你没喝过，连我自己也没喝过这珠峰圣茶，先不管它好不好喝，想想它是来自西藏的、稀有的，也就值得了。林先生，我不骗你，你不买二两回去，回台北后一定会后悔的。"

我这次在大陆西北、西南巡回演讲，报纸天天头条，几乎到每家茶行大家都认得我是"在大学里讲茶文化的老师"。所以，什么好茶、奇特的茶都拼命向我推销，我听了老板的话，依然犹豫不定。

老板从抽屉里拿出一册中英文介绍的珠峰圣茶简介送给我，说："你回宾馆读读，明天再决定吧！"

我从茶行里带回七种茶：君山银针、云南银玉环、云南银玉针、洞庭碧螺春、四川竹叶青、闽南荔枝茶、野生苦丁茶，独缺珠峰圣茶，但我带了一本极精美的简介小书。这本简介可以说是"超豪华版"，全册铜版纸彩色精印，封面是布达拉宫的一尊释迦牟尼佛。

"喝不起珠峰圣茶，读读那茶的历史也是好的！"我心里想着。

珠峰圣茶的历史非常悠久，传说是唐朝贞观十五年（641 年），文成公主嫁给松赞干布时，带了百匠随行，其中就有茶师，当然还带了茶种。那些茶种就种在喜马拉雅山东部珠峰下的易贡湖畔。

易贡湖畔的大峡谷位于北纬三十度，这是专门出产名茶的"神秘纬度"，杭州的龙井、洞庭的碧螺春、庐山的云雾、太平的猴魁、屯溪的毛峰、邛崃的绿茶、祁门的红茶等，正好都是种植在北纬三十度。加上易贡湖依傍珠穆朗玛峰，紧邻雅鲁藏布江，虽然地处海拔两千两百五十米的高寒地带，却有"江南茶谷"的美称。印度洋的暖湿气流溯雅鲁藏布江河谷而上，这里终年云雾缭绕。由于这些特殊的环境，易贡湖畔才孕育出了珠峰圣茶。

珠峰圣茶种在这么巧妙的地方，千余年来也一直是朝圣的贡品。但由于西藏本非茶区，加上珠峰圣茶的产量极少，又种在人迹罕至的神秘雪域，因此不仅名不见经传，而且可以说自古以来鲜为人知。

以上是珠峰圣茶的介绍，至于它的珍稀昂贵也有说明。珠峰圣茶由于生长于高寒地带的特殊地理环境，每年只能采收一季。每年 6 月，高原温差极大，经朝露滋润后，茶香凝聚，是采摘的最佳时机。极品茶采摘期仅短短数天，每次采摘不过数担，其珍贵可知。

我一边读着简介，一边喝着君山银针茶，心里盘算着：明天就买二两珠峰圣茶吧！否则，回台北一定会后悔的。

第二天，老板看到我非常开心，说："我知道林先生一定会回来买的。"

买了二两珠峰圣茶，等不及回台北喝了。当天晚上，在重庆的扬子岛大饭店，我约了同行的几个朋友来品茶，有来自北京的曲小侠、胡卫红，来自台北的黄长发。这是我们喝过最昂贵的茶了，所以大家都屏息以对。

珠峰圣茶的滋味与我想象中的完全不同，比起一般的绿茶，它显得沉厚浓郁，在喉头与胸臆之间徘徊不去。闭起眼睛，在心里流过的是蓝蓝的天、白白的云、平坦的草原与伟岸的寺院，耳际仿佛响着动听的真言：唵嘛呢叭咪吽……

一饮可得六字真言

杯中尽驻佛国奇香

朋友说："珠峰圣茶喝起来不像江南的茶那么清香，而是浓烈；就好像人站在雪山的高原上，由于空气稀薄，拼命地要吸入氧气，呼吸显得更深邃一样！"

我说，我们不能用江南的茶香标准来品评西藏的茶，就如同我们不能用中原文化的尺度来衡量西藏文化的高下。我们要回到一千三百五十

《烹北苑茶有怀》

石碾轻飞瑟瑟尘，乳香烹出建溪春。

世间绝品人难识，闲对茶经忆古人。

我们从唐宋诗人的茶歌酒诗里，能品味到心灵的想象与飞扬，并不必一定有什么丰功伟业，而是要从生活的近处着手。当然，喝酒喝到豪气干云、心怀磊落，那是好的；一旦喝到“举杯消愁愁更愁”“但愿长醉不复醒”就很可悲了。

茶就没有这些问题，茶不但能助诗兴，也可以起禅心，这就是历代禅宗寺院里都有品茶习惯的原因。

茶酒原非一家，茶可多饮，酒宜少酌；茶使人清明，酒令人昏沉；茶使人平静，酒令人亢奋；茶出尘，酒入世……

近些年来，常在媒体上看到台湾同胞纵酒的情形，假酒横行，昏人满路，喝最昂贵的酒，行最低俗的事，令人痛心。在古代，吴王孙皓就常以茶宴招待群臣，东晋名臣陆纳看到当时世风奢侈，便力倡以茶果宴代酒宴，以挽救社会人心。唐朝的时候，茶宴盛行，天子庶民都很喜欢，参加茶会的人赏花、吟诗、听琴、品茶、清谈，成为当时的社会风气，对文化艺术的提升有很大的帮助。

宋朝的茶宴茶会，还加上焚香、点茶、挂画、插花等。

今日社会的奢侈之风犹胜于东晋，所以我们应提倡淡雅、简朴、有文化的生活。以茶代酒可能是一个好的开始，因为我见过善喝酒的人，喝了酒还有文化的很少；而善品茶的人，不但都有文化，还懂得生活。

茶心与禅心不二，曾与茶圣陆羽为至交的皎然和尚就是品茶的高人。他曾与陆羽饮茶后写下“九日山僧院，东篱菊也黄。俗人多泛酒，谁解助茶香？”这样的名诗。

皎然甚至认为，饮酒的人多自私，而饮茶到了很高的境界就能得道，不需要苦心去破烦恼了。最后，我们来细细品味皎然的《饮茶歌诮崔石使君》。

在读这首诗之前，最好先去泡一杯好茶来配吧！

《饮茶歌诮崔石使君》

越人遗我剡溪茗，采得金芽爨金鼎。
素瓷雪色缥沫香，何似诸仙琼蕊浆。
一饮涤昏寐，情来朗爽满天地。
再饮清我神，忽如飞雨洒轻尘。
三饮便得道，何须苦心破烦恼。
此物清高世莫知，世人饮酒多自欺。
愁看毕卓瓮间夜，笑向陶潜篱下时。
崔侯啜之意不已，狂歌一曲惊人耳。
孰知茶道全尔真，唯有丹丘得如此。

第三辑

奇茶清欢

二〇一〇

新鲜的桂花茶

邻居的太太为了桂花的事来问我，因为她种在屋顶花园的桂花开了满园，晚风一吹飘落满地，非常可惜。

“我记得林先生在一本书里提过桂花酱的事，不知桂花酱怎么做？”

于是，我把自己做桂花酱的秘方告诉她：先把盛开的桂花采下，在玻璃罐中放满半罐；然后把酸梅的肉剥下，撕成片片，放入桂花罐中；最后以蜂蜜倒满罐子，用蜡密封，十天后就可以食用，而且越陈越香。

这种做桂花酱的方法是以前住在木栅兴隆山庄时，邻居教我的。当时，我家的院子里种了四株高大的桂花树，秋日桂花盛开时，我就以做酱为乐。

酿好的桂花酱，用处很多，可以涂面包、馒头，可以蘸梅、桃、李、草莓，也可以当菜的作料。不过，我最喜欢加冰水，合着桂花冰坐在院子看远方的山，然后细细品尝那甜蜜中带点酸楚，芬芳里散发清雅的滋味。我搬离木栅后就再没有做过桂花酱，人远事遥，也失去当年的心情了。

我对邻居太太说：“我也很久没有尝到桂花酱了，如果做成了，分一点儿给我。”

十几天以后，邻居太太送我一罐桂花酱。我取出少许，泡了一杯冰水，坐在阳台上，以前木栅院子的那株桂花好像还魂了，好像香气穿越时空和整个城市都流了过来，暗香浮动，惊鸿照影。

邻居太太做的桂花酱比我做得更好，可能是她种的桂花比较肥大而芳香，也可能是女性的手巧心细，或者是我太久没有尝到此味，因此加倍地欢喜与期待，许是这些增加了桂花酱的美味吧！

过几天，邻居太太又来找我，依然是问我桂花的事。

她说："林先生，我在你的书上看过桂花茶，我把桂花采下，晾干后和茶叶一起泡，怎么完全没有香味呢？"

我说："桂花不能晾干，一晾干香气就飞走了。你要用新鲜的桂花，按与茶一比三的比例放入茶罐里，因为茶叶会吸取桂花的香气，桂花自然会干去，这时泡了就是桂花茶了。"

我一边讲，还一边想在哪一本书里曾写到桂花茶，我一时还想不起来，邻居太太已称谢而去。

几日后，在楼下的中庭相遇，她开心极了，说："还是新鲜的桂花才对呀！"

中秋过后不久，邻居太太到我家喝茶，带来一整罐满满的桂花，她说："这是今年秋天最后一批桂花了，我采了一个早上，拿来送给林先生。"

我打开罐盖，满座的朋友皆为之惊呼，那桂花的香气完全没有隐藏地泄了出来。我们当场就把这中秋最后的桂花和着今年初春的乌龙泡来喝了。桂花乌龙不只是茶香味美而已，还有一种细腻温润。漂浮在水面的桂花仿佛还活着，那样晶莹，那样明亮。

虽然我们整个夏天到秋天都在谈着桂花的事，但比桂花酱更好喝的，是人的心情；比桂花茶更香的，是人间的情谊。这世间，争名逐利的人很多，但能在身边事物（小如一朵桂花）中找到清欢的人也不少呀！

我想到苏轼写的一首词：

《于潜僧绿筠轩》

可使食无肉，不可居无竹。无肉令人瘦，无竹令人俗。人瘦尚可肥，士俗不可医。旁人笑此言，似高还似痴。若对此君仍大嚼，世间那有扬州鹤？

苏轼在这里用了“扬州鹤”的典故，传说以前有四个人聚在一起，谈起自己的心愿。

一个说：“我希望做扬州的刺史。”

一个说：“我希望做腰缠万贯的富翁。”

一个说：“我希望骑仙鹤做仙人。”

最后一个说：“我愿腰缠十万贯，骑鹤下扬州。”

因此，“扬州鹤”就被当成是奢望的象征。在生命的选择上，我们在物质方面可以“瘦”一点儿，却不要成为俗气的人；我们不必腰缠十万贯，只要衣食无虑、平安康宁便好；我们也不必骑鹤下扬州，若能饮到厝边隔壁亲友种的桂花茶，人生就足够幸福了。

今年的桂花都采尽了，今年的桂花茶也饮完了。秋日已尽，不必挂怀，我们已在心里埋下桂花的种子。“风波不信菱枝弱，月露谁教桂叶香。”明年的桂花一定会和今年的一样香，明年遇到的人一定比今年的更好。

莲花香片

以前阳明山的白云山庄有人卖兰花茶。所谓兰花茶，就是把整朵兰花放在茶碗里，然后将泡好的茶水冲入碗里，艳红的兰花衬底，黄澄澄的茶水在花上更是清明。那兰花的香味几乎微不可辨，但以美色取胜，只要看到那朵兰花，就为之动容。

在花市，偶尔也有教人用玫瑰花泡茶的。他们的泡法特殊，茶泡在壶里，抓一把玫瑰花瓣放在茶水中，黄、红、白各色玫瑰就在水中漂浮，看着就很欢喜。

所有新鲜的花瓣都可以这样泡。比如泡茶时，抓几朵茉莉或菊花放进壶中，冲出的就是茉莉花茶或菊花茶了。

外国人喝花茶也不逊于我们。有一次，我到加拿大温哥华南部的维多利亚岛，岛上有一座著名的布查德花园。花园商店里就有数十种他们自配的花茶，这种花茶的特别之处在于它没有茶叶，全是花。我买了几包回来试喝，滋味清甜，在清晨喝起来，一点儿也不输给茶呢！

我虽喜欢饮纯茶，但也不排斥花茶。偶尔在台北的小巷中发现一些有特色的茶坊，总会试试他们的花茶。在茶楼里，我也爱喝菊花普洱，因为茶馆中的茶是比较劣质的，加点菊花提味，方可较温润入口。

菊花普洱泡法很简单，就是普洱茶与杭菊一起泡。如果有很好的杭菊和百年普洱，滋味就会非常香沉。

中国饮用花茶很早，至少是在宋朝就很普遍。宋朝诗人黄庭坚在《煎茶赋》里就说到，当时喝的茶“不夺茗味，而佐以草石之良”。那时候加在茶里的东西有胡桃、松果、罗汉果、银杏、薄荷、香草、苏桂、甘菊等，当然不是全加，而是单独使用。在献给皇上的“小龙凤团茶”里，甚至放入“龙脑”。

其实，把茶当药用，在茶里放作料加味，年代还要更早。陆羽所处的唐朝，人们煮茶时就用姜、葱、橘皮、茱萸、薄荷加味。李时珍在《本草纲目》里也列出许多以茶加味的古方，例如，姜茶治痢疾，茶和川芎、葱煎服可治头痛，茶和茱萸、葱、姜煎服可以助消化、理气顺食。

明朝的时候，喝花茶的风气更盛，文人雅士往往自制花茶。根据屠隆的《考槃余事》记载，当时用来制花茶的花有梅花、玫瑰、茉莉、蔷薇、兰花、木樨、菊花、木香、栀子等。制法是，在这些花开时，采含蕊半放、香气未散的花，去掉枝蒂、灰尘和虫子等，与茶叶的比例按三比一放置，因为“花多则太香，而脱茶韵；花少则不香，而不尽美”。一层花、一层茶地放入瓷罐，装满后，以纸或竹叶扎牢，放入锅中用水煮，一沸即起。取出花茶，以纸裹封，放在火上烘焙直至干燥，这就完成了。

但是，屠隆也说到，上等的茶叶是不会用来做花茶的，因为“凡饮佳茶，去果方觉清绝，杂之则无辨矣”。品质稍差的茶，放点花果，则风味更佳。

制作花茶最离奇的要算元朝大画家倪云林了。据明代顾元庆编的《云林遗事》记载，他做莲花茶的过程是：“就池沼中，早饭前，日初出时，择取莲花蕊略破者，以手指拨开入茶，满其中，用麻丝缚扎定，经一宿，明早连花摘之，取茶纸包晒。如此三次，锡罐盛，扎口收藏。”

即清晨太阳刚露脸的时候，到莲花池择取那花苞刚开的莲花，用手指拨开，把茶叶放入莲花里，用麻绳绑好。第二天将莲花摘下来，并用茶纸包着晒太阳。这样做三次，莲花茶就制成了。

读起来是不是匪夷所思？但如果家里有莲花池，又有闲工夫，说不定可以试试。

依照我的经验，茶叶有吸味性，也有亲味性，因此做花茶不难。有时，我也会把香味强的水果，像苹果、杧果等，放在茶叶罐里两三天，如此茶里自然有了果香，气味就不同了。

清代的人把所有的花茶都叫“香片”，此名取得真好。光是想想莲花香片的清芬、玫瑰香片的淳美、兰花香片的雅致，就使人心情为之飘飞。

在我们的生命里不也有许多香片吗？一片一片又一片，对粗糙的人，飞入芦花都不见；对细腻的人，如好雪片片，每一片落下来，都滋润了我们的心！

好茶固然香醇，品饮的人也很重要，如果没有善饮的朋友，好茶也是枉然。

倪云林，名瓒，别号尚有沧浪漫士、荆蛮民、幻霞生、曲全叟等，无锡（今属江苏）梅里镇人。父早故，由兄昭奎抚养成人，有洁癖，居清闭阁，人称“倪迂”，好藏古书字画，善画平远萧散景色。流落太峻一带二十年，明太祖时被囚，锁于粪桶上，释放后病死，有《倪云林先生诗集》。倪云林属于逸品画家，为“元四家”之一。住在无锡惠山的时候，他自制了一种清泉白石茶。清泉是惠山泉，白石则是用核桃、松子，去壳去皮，取其肉捣烂，和上面粉，做成一块一块乳白色块状物，与茶水煮饮，称为“清泉白石茶”。

倪云林很珍爱自己的清泉白石茶，只用以招待有风骨的雅士，不轻易待客。

有一天，南宋的遗老皇室宗亲赵行恕，因向往倪云林的品行学问，特来拜访。倪云林以为他是不苟合于世的雅士，特以清泉白石茶招待，但赵行恕一口喝完，竟连一句赞美的话都没有。

倪云林很不高兴，说："吾以子为王孙，故出此品，乃略不知风味，真俗物也！"当场下逐客令，从此不再相见。

倪云林自号净名居士、朱阳馆主、萧问仙乡，他能诗善画，以天真幽淡为宗，广交天下名士，唯独不与俗人来往。张士诚造反称王之后，一直想结交他，他不屑，张士诚于是派兵缉捕他，但倪云林穿着粗衣布服混杂在乡野百姓中，不知所终。

一个人在茶里有品位，自然对生活有品位。对生活有品位者，自然对生命节操有品位，倪云林似乎让我们看到一点端倪。

倪云林死去已经六百多年了，但想起他发明亲制的莲花香片，清香仿佛依旧在。唉！不仅喝花茶的人要比花有味道，制花茶的人若人格与风格比花更香就好了。

若兰茶酒

若兰庄主一直在茶馆忙进忙出，只为了做一些特别的菜来招待我们。

最先端出来的是一盘茶叶炒蛋，做法是把泡了两泡的茶叶捞起，切碎了与蛋同炒。因为是上好的金萱乌龙，色泽墨绿，不只颜色好看，香味也清远。

为了能让我们品出茶叶炒蛋的滋味，第二道上桌的菜也是炒蛋，是鱼腥草炒蛋。鱼腥草是乡间常见的野草，生的时候腥不可闻，一进锅好像起了化学变化，一股魅人的浓香在炒蛋中流窜。

与茶叶相比，鱼腥草像是化了浓妆的艳妇。

接下来上桌的是一盘清鲜的竹笋，是今晨才从后山的园中挖来的。若兰庄主说明，后山种了很多竹子，由于采茶的工资较高，工作也轻松，已经不太有人愿意去挖竹笋了。

我一向嗜吃竹笋，觉得春天的嫩笋滋味胜过水梨。特别是种在海拔一千米以上的竹笋，仿佛也带着自然的灵气。

然后上桌的是一盘昭和草。昭和草是我们小时候常吃的野菜，据说是“日据时代”从日本引进的。昭和草生长快速，是战争时家家都吃的野菜。我们乡下人讨厌“昭和”这两个字，所以都叫它“山茼蒿”。瑞里山上的山茼蒿特别美味，可能是水土的关系。我以前听说，不管是什么青菜，种在高冷地上总是比较甜美，因为气候、水质好，而且没有虫害的关系。

庄主又端来几盘花生、豆腐乳等小菜，还有一坛她亲手酿制的梅子。那梅子已有酒味，像是还包藏着今年醉人的春天。

小菜都上齐了，若兰庄主说：“还差一瓶好酒。”

“我不喝酒的。”我说。

庄主说：“无妨，这酒是自己酿的，只有酒味，没有酒精。”

于是，提来一坛用今年冻顶春茶酿的茶酒。那酒色枣红，非茶非酒，茶香穿过酒香，浑成一气。无以名之，称为“若兰茶酒”，好像饮酒的人襟前别的一朵兰花。

茶叶无法发酵做酒，若兰茶酒又是怎么做的？

“是选用最好的小米，发酵、蒸馏，做成小米酒，然后以酒泡茶，待茶香入酒之后，把茶叶捞起，将酒封存，即成茶酒。”庄主说。

座中有一些人不擅饮酒，庄主的弟弟叶纯喜拿来他的冷泡私茶。私茶是私房茶之意，冷泡则是以冷水泡茶。

“也是选用最好的春茶，泡在一壶冰水里，放在冰箱泡一个半小时以上，然后把茶叶捞起，就是冷泡茶了。”纯喜说。纯喜是十分俊秀的青年，就像他的名字一样，当他很认真地说一件事情时，往往让人感觉到开心。

说是一般人只知热泡茶，其实冷泡茶的滋味更鲜美，营养不会流失，夏天喝比任何饮料都好。

那冷泡乌龙的冷香，几乎是难以形容的。那种香，是“暗香浮动月黄昏”的暗香，“占尽风情向小园”；是“嫣然摇动，冷香飞上诗句”

的冷香，翠叶吹凉，玉容消酒；是“零落成泥碾作尘，只有香如故”的恒久之香，一寸就有千万缕。

喝冷泡茶的时候，座中非常沉默，因为这种清香需要非常专心地品尝。

纯喜发现他的一泡茶技惊四座，更是开心不已。

若兰庄主说：“明天我也来做一壶小叶冷水花茶。”

小叶冷水花并非茶叶，而是蔓生在山坡的野生植物。它必须用小火熬炼，以冰糖提味，直到颜色玄黑才关火。听说可以生津止咳，是保护声带最好的饮品。

我们在空山中喝茶谈笑，到半夜才散。夜里在小木屋中，万里云山全部沉寂，只有初秋时分的凉风从石桌和奋起湖那个方向吹来。

听起来，若兰山庄好像是武侠小说中的场景，其实不是。这是现代化的山中客栈，只是去的路上，山林沉静，道路回旋，真的像是武侠小说中高士的居处。

若兰庄主也非古人，是经营着可以住六百人旅店的女企业家。她的名字就叫叶若兰，只是任侠乐观，颇有古风古意，是那种在她的旅店里住过一夜，永远难以忘怀的女主人。

若兰山庄位于上阿里山和草岭的中途站瑞里，左是梅山，右是奋起湖，是得天独厚风景秀丽的地方。1963 年，叶老先生提供自己的小屋给到草岭或阿里山的登山者休息之用，把六个孩子养大。二女儿若兰自幼年就立下志向，要住在山上，并且将父亲的小屋扩建为山庄。

于是，叶若兰带着弟妹垦荒拓土，开道路、种树木、盖山庄，在 1971 年开始对外营业。不久之后，叶若兰嫁给来山里的游客李南辉，然后弟妹纷纷嫁娶，都是与游客结姻缘。

若兰说：“我们五姊妹全部嫁给游客，唯一的弟弟也是娶了游客，可见若兰山庄的服务有多热诚。”

更奇特的是，这些做了“若兰女婿”的游客，最后都把城里的工作辞去，举家迁居到山上。不只没有赔了女儿，还赚了女婿，可见若兰山庄的风景不是等闲。

小弟纯喜颇有乃姊之风，不仅是泡茶高手，制茶、烘焙也是一绝，已经成为当地制茶名家，茶罐上都打着自己的旗号。

熟悉的人都称叶若兰为“兰姐”或“若兰庄主”。每天从清晨到深夜，她总是精神饱满、满面笑容，一个人“校长兼敲钟”二十几年，还能如此乐天喜悦，也是少见。

清晨，她带着游客沿山径散步，向大家介绍珍稀的昆虫和满地的野菜。她像是魔术师一样，凡是手所指之处，全是非常珍贵的。例如，牧草的茎十分甜美清凉，蕨菜的球根可以解渴，赤查某的草叶可以煮味噌汤，金针花的嫩茎可以清炒，洋洋大观。

她说最近有个心愿，希望办个“野生植物调理营”什么的，早上带游客入山时，自己采野菜回来料理，让都市人认识什么才是自然健康的食物。

夜里，她则在若兰茶馆里为游客示范泡茶，教人品茶。石卓、瑞里、梅山一带，近些年来茶名鼎盛，喝茶的人多，懂茶的人少。身为若兰山庄的庄主以推广瑞里的好茶为己任，因此这每天的茶艺课都是义务的。

她就这样日夜地忙了二十几年。回想起二十年前的情景，每次到山下买菜走回客栈就要花四个半小时。如果坐阿里山森林火车到奋起湖站，要走一个半小时才会到瑞里，就这样块砖片瓦地带上山来。如果不是远大的理想与对瑞里故乡的热爱，若兰山庄是不可能完成的。

在台湾南北，山上、海边，我时常会见到叶若兰这样响当当的人。他们有坚持理想的勇气，他们有迈向完美的魅力，他们有情有义，有心有梦，是真正可以和这“婆娑之洋、美丽之岛”相匹配的子民。

我们依依不舍告辞的时候，若兰庄主追了出来，送给我一瓶小叶冷水花茶，使我深受感动。

在车上，我细细地品味着那熬成墨绿色的小叶冷水花茶，芳香甘美。我摇下车窗，让穿过相思林与桂竹林的凉风吹拂。我想到清晨推窗时，看到若兰山庄对面的长山的情景，在这雄浑的山林中，总有一些胸怀高远、格调清奇的人呀！

感觉风里有心有梦，而山林也有情有义。

酢浆草茶

我的屋顶菜园里种了几丛酢浆草，我喜欢酢浆草的滋味，常常拿来做菜。

煮汤的时候，把酢浆草切段，起锅时抓一把撒下去，既有香味，又是天然的醋料。

吃沙拉的时候，将酢浆草切碎了，调在橄榄油里，就是很好的法国酱。

酢浆草也可以当生菜沙拉，一株一株摆在盘中，调一些美奶滋，就是人间的美味。

虽然吃酢浆草的感觉很好，但是酢浆草长得太快了，等我想起的时候才发现整个菜园已被酢浆草淹没了。想是春雨滋润的缘故，凡有泥土和水的地方都长满了酢浆草。

我想到，如果要清除这么多的酢浆草，一定要花费一整天的时间，不如过几天更空闲的时候再来清除。

又过了几天，等我打开屋顶的门时，却大吃一惊：因为几乎所有的酢浆草都开花了，一大片小紫花连绵不绝，真是美极了。另一种酢浆草是开嫩黄色的小花，点缀在紫花中的小黄花，使那美中还有着神奇。

以前这些酢浆草也开过花，只有少数几朵，因此没有这种美丽的气势。现在仿佛一夕之间万紫千黄，才使我忍不住为之震动。

想拔除酢浆草的想法，完全被酢浆花的美丽化除了。

接下来的日子，只要有空，总会去欣赏那些酢浆花。它们不只多姿多彩，也肆无忌惮，把小白菜、青康菜、芹菜的菜苗都淹没了。

有一天，一个乡下的朋友来访，看着那些酢浆草，沉思了一下，说："你为什么不用来做酢浆草茶呢？"

酢浆草茶？这还是我第一次听到呢！

朋友说，把酢浆草的茎叶花果拔起来洗净，与冰糖同放在锅中熬煮约半小时，然后把酢浆草的渣滤除，就是酢浆草茶了。

"好喝吗？"

"非常好喝，滋味很像酸梅汤或柠檬茶，但却又是无法形容的。"

朋友还说酢浆草茶与青草茶在夏天是一样好的饮料，喝了会"心凉脾肚开"，而且对于经常说话演讲的人可以"清喉咙、润肺管"，不会输给川贝枇杷膏。

朋友告辞以后，我趁着黄昏，拔了一部分酢浆草花，与冰糖熬了一大锅酢浆草茶。滋味果然鲜美殊异，那酸中带着一点草的清气，与橘子、柠檬、酸梅都大有不同。我把它装瓶冷藏，一方面用来保护喉咙和肺管，另一方面款待朋友，让他们心凉脾肚开，喝过的人没有不赞美的。

一天，天气太热，我的大堂姐匆匆跑来找我，我看她满头大汗，就倒了一杯冰镇的酢浆草茶给她。

她啜了一口，眼睛发亮地问我："这是啥？"

"酢浆草茶。"

"呀！是盐酸仔茶啦！已经有五十年没有喝到这种东西了。"

"大姐喝过这种东西吗？"

"岂止喝过，我们小的时候天天喝啊！"

原来，大姐生长在"日据时代"，当时生活艰苦，物质匮乏，经常采撷野外植物来食用，酢浆草茶就是当时常喝的饮料。以后就少有人喝了，我生得太晚，才会那么稀罕。

听了大姐的话，我大感意外，像酢浆草茶这么好的饮料竟然失传。今天，我们却喝着充满惰性与酸性的可乐、沙士，对健康的伤害实在太大了。

从食物的属性来看，凡是酸的天然食品都是活性、碱性的食物，而甜的人工食品都是惰性、酸性的食物。一个自然健康的人，身体应该是弱碱性的，也应该摄取碱性食品，远离酸性食品。这样，我们的内脏才能净化，废物的排除也才能快速、彻底，以保持身心的健康。

这几年，台湾的传统茶饮大为风行，甚至做成易拉罐饮料，像乌龙茶、绿茶、包种茶、杜仲茶、枸杞茶、洛神花茶、青草茶等，使我们的孩子重新认识了古典茶饮的美好。我想，像充满台湾乡土气息的酢浆草茶，也是值得提倡的吧！

在夏日，天气一天热过一天。我时常在黄昏时分，端一杯冰镇的酢浆草茶，看着烟尘滚滚的城市，感受着这世间的神奇。小小的一株酢浆草，却能涵藏着清凉美妙的滋味。能心安地坐在阳台，喝自己亲手种植、熬煮、调制的酢浆草茶，也饱含着深刻难得的幸福。

望向西北面的山峦，观音山与阳明山的界线在宝蓝的天空下曲折温柔，使我想到智慧第一的文殊菩萨的"遇缘则有师"。不论因缘美丽如花、渺小似草、刺人如同荆棘，都能使我们得到新的体验与启示。

有一次，文殊菩萨对大众说法，谈到一切因缘都是老师，他把善财童子叫起来："善财，不是药的草，采一株来！"

善财绕了几圈，空手而回，对文殊菩萨说："大士，无不是药的草。"

文殊说："那么，是药的草，采一株来！"

善财就地一拈，说："大士，是药的草采来了。"

文殊菩萨乃举草示众，三复斯言："善哉！善哉！遍天下无不是药的草。"

走遍天下再也找不到一株不能做药的草，天下不生无用的草。推而广之，世间也不生无佛性的众生，在人与人、人与事物的相逢中，也没有不能启发智慧的因缘。

文殊菩萨以如此广大的心看世界，成就了无上的智慧，永不失去纯真的心，而得到妙德、妙乐、妙吉祥；在逆缘逆境中不失清凉，创造了"离尘垢心世界"，是南方净土中最金碧辉煌的宝真世界。

从一株酢浆草想到文殊菩萨，由一杯酢浆草茶思及生命的种种因缘，人人都渴望得到终极的幸福，却忽视脚下那可能是幸福之药的小草，终致绕室三圈，空手而回。

假如能就地弯腰，遇见了一株小草，又在因缘的历程中饱受磨炼与波折，就能体会到：生命的幸福不必究竟终极、一时俱至、圆满俱足，只要一天里能品尝一点儿幸福的滋味，也就足以承受这以苦为本质的人生了。

来！来喝一杯酢浆草茶，世间至酸的草，加一点儿冰糖，就变得多么美味可口。

人世里最酸的因缘不也是这样吗？对幸福的向往正是冰糖，多加一点儿，横逆与酸楚也就得以转化了。

冷泡银针

我非常反对喝市售的饮料，因为这些饮料大部分对健康无益，而且不能解渴。

但是，到了夏天，孩子喜欢喝冰的饮料，唯一的方法是自己动手做。买新鲜的水果来打果汁，或者自己到青草店买青草煮仙草茶，但是制造起来很麻烦。

泡茶是个好方法，可是孩子不爱喝热茶，何况茶遇热水，过了时间就会因氧化而苦涩。

在夏天的时候，我最常做的就是冷泡茶。

冷泡茶的方法很简单，抓一把新鲜的绿茶放到矿泉水瓶里，夜里置入冰箱，经过一夜的浸泡，第二天冷茶就泡好了。早餐后喝冷茶，使身心清凉甘美，感觉自己仿佛是茶园里的一株茶树，正受到夜间甘露的清洗。

然后，用保温壶装满一罐，带去爬山。到了山顶上，晨阳暖照，满身大汗，喝一杯带着霜气的冷茶，你会觉得人生的幸福莫过于此。

冷茶的做法再简单不过，但茶叶要特别讲究。大致而言，有四个原则：一选新茶，不选老茶；二选生茶，不选熟茶；三选好茶，不选劣茶；四以矿泉水浸泡为好，不用自来水泡。

新茶是指当年的春茶，因为只有当年当季的茶，才能喝出茶叶的香醇滋味；老茶则味陈气旧，用热水泡之还可，冷水泡就会失味。

茶的生熟是以烘焙判断的，生是青，熟是红。青茶是以鲜嫩的茶芽经高温杀青，不发酵，又有蒸青绿茶、炒青绿茶、烘青绿茶、晒青绿茶之分。日本的清茶就是蒸青。龙井、碧螺春、珠茶、眉茶是炒青。信阳毛尖、六安瓜片、黄山毛峰、太平猴魁是烘青。云南、四川、贵州、广西等地的茶是晒青，这些都是用于冷泡茶的好材料。发酵过的红茶则不适合冷泡，味道苦涩，无香气。

台湾的乌龙和高山茶，因为以半发酵制成，所以要选其轻发酵者，才能泡出好的冷泡茶。

我曾经制造过数十种冷泡茶，若要品评高下，台湾的高山茶、杭州的明前龙井、江苏洞庭山的碧螺春、湖南的君山银针可并得第一，特别是君山银针，更是第一中的翘楚。

君山银针产于洞庭湖中的君山岛，传说舜帝和秦始皇都居住过此山，故称为“君山”。在中国的十大名茶里，君山银针是滋味最清雅的茶，淡如无味，韵最深长，一般性情粗糙、品位流俗的人很难品出它的真味。

《红楼梦》第四十一回“栊翠庵茶品梅花雪　怡红院劫遇母蝗虫”里就描写过君山银针。

贾母等在缀锦阁底下吃了酒肴点心后，带刘姥姥一起至栊翠庵，妙玉忙接了进东禅堂。

贾母道：“我们才都吃了酒肉，你这里头有菩萨，冲了罪过。我们在这里坐坐，把你的好茶拿来，我们吃一杯去！”

妙玉听了忙去烹了茶来，捧与贾母。

贾母道：“我不吃六安茶。”

妙玉笑说：“知道，这是老君眉。”

贾母吃了半盏，笑着递与刘姥姥说：“你尝尝这个茶。”

刘姥姥便一口吃尽，笑道：“好是好，就是淡些，再熬浓些更好了。”

妙玉捧给贾母喝的老君眉就是君山银针，这银针并不细得像针，而是像美女的柳叶眉形状。

一般的茶叶多是开叶后再采，一枪一旗已经算是最嫩的茶。但君山银针全由未开叶的肥嫩芽头制成，芽尖如针，芽身挺直，色泽如银，满布白毫，所以叫作“银芽”，也叫“白毛尘”“老君眉”。

由于茶芽尚未张开，所以泡起来的味道隐而不扬，香气清郁，舌韵醇和，喉韵轻润，必须一点一滴地吸饮，才能品出它的非凡。像刘姥姥那样“一口吃尽”，那就与开水无异。所以，好喝浓俗之茶的人，无法品味君山银针的滋味。

在清朝时，君山银针是皇室的贡茶，岁贡才十八斤，非常珍稀。即使到现在，君山银针都是稀少昂贵的茶。次级的，至少要五百元一斤，上品则一斤要一千元，极上品一斤两三千元也不稀奇。

君山银针不只味道醇美，泡茶过程也宜观赏。开水冲入杯中，茶芽根根竖立水面，犹如碧空下的松针；过了一下子，徐徐沉落杯底；然后再缓缓升上水面，往复再三。

茶芽上浮时，正像春雨过后的笋尖，争着出土。

吸水复沉时，气泡留于芽尖，有如雀舌含珠。

再次上浮时，气泡升入空中，似气球飞入蓝天。

最后茶芽沉入杯底，根根竖立，如刀剑如秋林，美不胜收。

泡饮君山银针时，就想到古人把泡茶的过程中茶的变化称为“水丹青”。以茶为笔，以水为墨，山水云雾、花鸟虫鱼，尽在杯中。

冷泡君山银针之前，先找来一把透明的壶。最好是水晶玻璃壶，装满矿泉水，抓一把茶叶放入，就可以欣赏茶叶在水里的漂游与伸展，然后把茶水置放冰箱，四小时后即可饮用（其他茶冷泡，做法亦同）。

冷泡的好茶，自然、纯净、甘甜、清澈，清凉解渴，有益健康，远非市售的罐装茶饮可比。它的味醇香清，连孩子都喜欢喝，比起那些不能解渴又可能危害健康的饮料，价廉物美得多。

喝着冰茶的时候，我常会想到清朝诗人李慈铭在品茶时写的几句诗：

时有惠风徐至，赢得嫩香盈抱，绿唾上衣妍。想见蓬壶境，清绕御炉烟。

冰茶虽无炉烟，但有水汽。看水晶杯里晶绿澄明，水晶杯外白露凝结，仿如江南明媚的春色，又好像北方爽凉的秋意。我想：以前的皇帝虽有君山的贡茶，却没有喝冷泡银针的幸福呀！

沉香茶

到朋友家做客。朋友泡茶出来，满室立刻充满了浓郁的芳香。我也算是喝过许多好茶的人，却从未喝过这么香气慑人的茶。细看茶色，是淡淡的金黄；喝到口中，温润软滑，有淡淡的甜味。

“这是什么茶呢？喝起来是沉香的味道。”我问。

朋友说：“这正是沉香茶。”

沉香茶里并没有茶，而是把沉香木切成小片段，投入水中煮沸，就成为沉香茶了。这时候，沉香木的香气释放出来，溶解于水中，使得水中充满香味，冒出来的香气也使人神醉。

我第一次喝到沉香茶，不免对细节感到好奇。

朋友告诉我，这些年来，他都在中国大陆和越南。他搜集上好的沉香木，看到当地的居民用沉香木煮茶，说是可以去瘴疠之气，还可以提神醒脑。他喝了以后非常难忘，回台湾就试着挑出最好的沉香木，煮茶来喝并款待朋友，喝过的人都大为惊奇。

朋友说：“沉香木是所有木头中最芳香的，也是木头里极坚硬的。所以，一块沉香木可以煮上百次，香味依然如故。如果觉得香味淡了，拿出来晾干，又会恢复原来的芬芳，非常神奇！”

我对朋友说：“佛经里说，一个人如果念佛念到很好的境界，就会身如染香人，如入香水海，全身出妙香。我看只要每天多喝你的沉香茶，应该也有那样的效果呀！”

告辞的时候，朋友送我一小包沉香木，让我回来煮茶。回家后，我不但喝沉香茶，还用沉香煮出的茶水泡陈年普洱，香上加香，简直让人吐气如香、香汗淋漓了。

我想到，这大地多么神奇，竟然长出沉香这种木头：在沼泽中浸染，不论千百年，都不会腐蚀，也不改其香；拿到壶中熬煮，不论千百回，香味都不会消失；研成粉末，则可以供养诸佛、供养众生，使法界蒙熏。无论是浸染、熬煮、碎为微尘、化为灰烬，永远不改其香。

想到这里，我突然明白了为什么佛教把沉香当成最尊贵的供养，因为它最能象征我们的心、我们内在的佛性。

我们的佛心，是不会被爱欲的河流腐蚀的，在浸染中也不改其香。

我们的佛心，在红尘滚滚中熬煮，不论千百回，香味也不会散失。

我们的佛心，一旦开启了，不论熬煮、浸染、碎为微尘、化为灰烬，心灵的沉香都会永远在法界流动呀！

当我如是思维，每次喝沉香茶的时候，在香的流动里，总能保持着自我的觉察，觉察那更细微的心念。在香的飞扬里，也总能保持着虚空的祝福，祝福凡是香气所飘扬的虚空，都有美、善提升的愿望。

感通茶与嬉野茶

同一天，一位朋友从云南大理回来，一位从日本回来，他们都带茶来送我。

云南大理来的叫感通茶。

日本京都来的叫嬉野茶。

凡是茶，都必然有来历的，尤其是当作礼物来送给朋友的茶。

感通茶产于云南大理的感通寺山坡。感通寺可不是普通的佛寺，据说是汉朝时的西域高僧摩诃迦叶和竺法兰到中国时建造的，到现在约有一千八百年的历史了。

感通寺历史很悠久，感通茶的历史已不可考，应该也颇有历史。朋友告诉我说："我到了云南大理，就听说感通寺的茶是大理一带最好的，到感通寺一喝，果然很好。"

很可惜的是，大理一带的茶季已过，感通寺里也不卖茶。朋友顾不了许多，跑到厨房去找负责泡茶的茶座师父，先奉上供养，再开口向师父"请茶"。

"法师慈悲，把厨房里仅有的茶都送给我了。"朋友说。

朋友也很慈悲，从云南回来，把整包感通茶都送给我，因为朋友自己不泡茶，是为了带给我才向师父要的。我没有什么供养朋友，只有双手合十，道一声："阿弥陀佛。"

至于来自日本的嬉野茶，是产自佐贺县要部藤津郡一个叫嬉野町的地方。嬉野町乃是终年云雾笼罩的盆地，听说其所产的茶是日本茶的上品。

朋友在日本的时候，喝到嬉野町的茶觉得很好，就带了一包给我。

我一向不喜欢日本茶的味道，但我喜欢日本茶的精神，加上朋友的盛情，便欣然收下了。

夜里，朋友都走了，我独自把感通茶与嬉野茶取来，仔细地端详：感通茶是一片一片的，叶长而粗大，可能是产自云南的老茶树。听说在云南省超过海拔一千八百米的山区，生长着许多五米以上的大茶树，树龄在八百年以上。感通寺的茶应该是这种老而巨大的茶树所产，其味浓沉。

嬉野茶则显然是矮小的绿茶品种，是日本茶道两大系统"抹茶"与"煎茶"中的后者。茶叶很嫩很细，其味清香。

我先喝了感通茶，有点儿像苦茶的味道，一阵沉苦，才慢慢地回甘。又喝了嬉野茶，真如在野外嬉戏，味清几近于菜汤，慢慢才转出一点儿茶味。

我们在喝茶中感通，或者在喝茶中嬉戏，但最后的那一刻——也就是饮了的那一刻——才还原于茶的初味。这最初之味与最后的一刻，是越过了感通与嬉戏的。在这里，茶味确有优劣。

说穿了，我还是最喜欢喝台湾的茶，乌龙也好，包种也好，铁观音也好，台湾的茶真当得天下第一。大陆的好多茶，每次品饮，只是带来更深更远的乡愁。日本的茶，用茶道来烘托，瓶花、书画、茶具精美，茶本身的味道并不多姿。

还是台湾的茶最好！

但是，茶不只是茶，它有时象征了文化，表达了感情，有更深的精神境界。

我在心底深处感谢朋友从千里迢迢之外为我带来的感通茶与嬉野茶，那是因为茶中有情有义，情义胜茶。

我还是喜欢台湾茶，那就像在情义上，我可以寄思在云南的高山；在文化上，我可以欣赏日本的茶道，心生向往。但是，茶，还是台湾的好呀！

喝感通茶与嬉野茶时，不管是在情义上或文化上，本土的意识是不可无的。

清朝的品茶名士梁章钜常常到武夷山与一位名叫静参的道士喝茶，他悟到一个非凡的道理：好茶要用当地的水泡才能相得益彰，因为“必须山中之水方能发其精英，阅时稍久，而其味亦即消退”。品茶、情义，乃至文化，不也是这个道理吗？

药草浴与普洱茶

在外双溪与阳明山一带，有许多供人洗药草浴的农园，这些农园通常位于偏远的山间，气氛宁静，风景优美。

每一家药草浴都宣称自己的是秘方，有的可以美化皮肤，有的可以祛除毒素，有的可以强化筋骨，有的可以强化免疫系统。还有的什么都包，“有病治病，无病强身”。

我常带着妻儿到山中洗药草浴，并不在乎疗效，而是在乎洗药草浴的感觉和过程。每次要洗药草浴的时候，心里都会先有一些准备，身心处在怡然放松的状态，穿着最简便轻松的衣服。

这时，在我们的行囊中，最重要的就是一壶陈年的普洱茶。泡药草浴时喝茶，是人间的一大享受，但最能匹配百草熬成的药草浴，唯有普洱而已。

普洱比其他的绿茶优胜的是，它久泡热水也不变味、不氧化。特别是陈年的普洱，经历了长时间的储放，所有的浊气都在时光长河的洗涤下消散了，只留下最素朴、最纯粹、最深沉的滋味。

其次是普洱茶的药效，远非他茶可比。

在《红楼梦》第六十三回“寿怡红群芳开夜宴 死金丹独艳理亲丧”里就记述了一段普洱茶的药效。

贾宝玉生日那天，袭人、晴雯等人在怡红院开夜宴，林之孝家的查夜经过，宝玉谎称：“今儿因吃了面，怕停住食，所以多顽一会子。”

林之孝家的就向袭人说：“该沏些个普洱茶吃。”

袭人、晴雯忙笑说：“沏了一杯子女儿茶，已经吃过两碗了。”

普洱茶可消食清胃，大观园内上下人等都知晓。

普洱茶在清朝之前就有多种品类，清朝张泓在《滇南新语》中说：

普洱珍品，则有毛尖、芽茶、女儿之号。毛尖即雨前所采者，不作团，味淡香如荷，新色嫩绿可爱。芽茶较毛尖稍壮，采治成团，以二两四两为率，滇人重之。女儿茶亦芽茶之类，取于谷雨后……

所以，女儿茶是普洱的名品。但是喜欢喝陈年普洱的人另有一说，在西双版纳地区，生女儿满月时，茶农即制茶饼若干，待女儿出嫁时作为嫁妆或馈赠亲友，故称“女儿茶”。这与绍兴酒的女儿红陈酒的传说类似。

清朝的赵学敏在《本草纲目拾遗》中说：

普洱茶清香独绝也。醒酒第一，消食化痰，清胃生津，功力尤大也。

用现代的观点来看，普洱茶的茶树是乔木型的大叶品种，叶大如掌，叶肉肥壮。这种大叶茶含有比灌木型茶叶更高的茶多酚、生物碱和儿茶素。

茶多酚和儿茶素能使血管壁韧性增强，防止血管硬化，减少高血压和心脏病的发病；能抗阻突变，减少或阻断癌细胞的启动；能清除体内过量的自由基，增强免疫力。

生物碱，也就是俗称的咖啡因，能兴奋我们的中枢神经，使人提神醒脑。

我喜欢喝普洱茶是近十年的事情，以前喝的普洱都是广东茶楼的饮茶，总觉得味道苦涩、香气湿霉、颜色如墨，不论色香味，都令人退避。

直到有一天，在普洱茶的行家戴竹溪那里喝了一次百年普洱，才惊觉自己的见识浅薄。那百年普洱泡出来的茶汤呈红玉色，状如血珀；香如蜜蜡松脂，遇水则发；味道是难以形容的，或者只有珍藏百年的上好葡萄酒差堪比拟吧！

戴竹溪还教我一个判别陈年普洱的秘诀，他说："陈年普洱因有超强的吸热性，用滚水冲泡，喝起来也不会烫嘴。如果不是陈年老茶，则冲泡出来的茶水是会烫嘴的。"

百年普洱难求，一块要价七八万元，退而求其次，十五年以上的就算是极品了。我从戴竹溪那里买了几块陈年普洱，从此爱上了喝普洱茶。有时候，到手中的茶飞越千山万水，经过数十年的淬炼，在思想上、感受上也不知不觉地开阔了。

普洱茶之奇也不只在茶，它的茶树可以长到千年以上，至今树龄数百年以上的茶树在西双版纳还有不少。最年长的一株古茶树，是在澜沧拉祜族自治县的富东乡邦崴村西北坡的茶园里。

据专家考证，这一株长在海拔一千九百米高处的古茶树，约生于唐代南诏时期，树龄千年左右，树高十一点八米，树径为一米多，要数人才能合抱，茶树覆盖的范围达九米见方。我曾在书上看过这株依然枝繁叶茂、每年还生长茶叶的老茶树，当时心中震动，久久不能自已。想想看，我们杯中的陈年老茶和千年的古茶树，是不是也见证了文化与历史的变迁与流传？且尽杯中一杯茶，一切的风云都在变幻，在细品一杯陈年普洱时，也能品出人生的几许真味！

当我打开药草浴的水龙头，看到翠绿色的热水流入池中，很快地，不只是池里，整个室内都弥漫着百草的芬芳。泡入药草浴池里，不出五分钟，已全身飘汗。这时，再喝一杯热腾腾的陈年普洱，汗珠不是从毛孔中流出，而是跳跃式的，一粒一粒跳入池中，感觉全身心、五脏六腑、一切毛孔都在猛力地冲击和搓洗。

喝了普洱茶，洗过药草浴，整个人都舒张、活化、轻盈了。这时，听见远方瀑布的声音，鸣虫与青蛙都唱着爱恋的歌声；这时，看见药草浴坊外的青山悠然，山岚一缕缕地入怀，云一团团地出岫！

普洱茶在宋朝时已是献给皇帝的贡品，被称为“龙凤团茶”，而这药草浴则是古代宫廷专用的药方……但是看着眼前的青山，我想到，以前的皇帝也不一定能有内饮陈年普洱、外洗百草药浴的内外交融的感受吧！

恍然间，觉得洗药草浴喝普洱茶，是百草与茶的对话，它们谈得兴致淋漓。人，反而化为无形，腾空飞去了！

第四辑

茶间洗心

二〇二〇
庚子年夏

请上坐，泡好茶

一茶端来，两袖清风。

真意无言，悟者忘忧。

有人请我去担任茶叶比赛的评审，我感到非常意外，立刻就婉拒了。

“林先生不用太客气，你写的有关喝茶的书我们都看过，大家才商议请你当评审。”

我说，“喜欢喝茶”和“茶叶比较”是完全不同的，喜欢喝茶的人不见得有资格品评茶叶。何况，我对大部分的茶都喜欢，如何去判别高下呢？来人看我不答应，最后请我去当茶叶比赛的来宾，观摩一下。我看他诚意甚殷，就到茶乡走了一趟，去见识茶叶的比赛。

比赛会场出乎想象的热闹，茶农把自种的茶叶带来，围聚在大礼堂里，等待比赛的结果。

评审坐成一排，品评着一杯又一杯的茶水，端详泡出茶水的茶叶，闻香、品尝、打分数，一气呵成。一个茶农只有一分钟的时间。不久，评审的分数出来了，得奖的茶农欢天喜地，落选的茶农垂头丧气，茶农一整个春天的努力，在两小时内就决定了命运。

听说抱走冠军奖杯的茶农，只要一走出会场，茶叶就会卖光，一斤茶可以有七千元的价格。未得奖的茶农，一斤茶只有五百元的价位，而且一直卖到冬茶出来还不知能否卖完。

评审结束，从山上回家的路上，主办的人又问："林先生，明年可以来做我们的评审吗？"

我说，还是不行！一来是我的鼻子舌头还不够"锐利"，恐怕无法在一分钟内决定茶的高下；二来是比赛关系到茶农一年的收入与家庭的幸福，令我感觉无法负担。

最重要的原因是，决定茶的好坏的因素很多，但其中一个重要因素是在什么环境下与什么样的朋友喝茶。当茶的范围缩小到在礼堂中的比赛，这个重要因素就会失去了。

参加了那一次茶叶比赛，使我时常会思考茶的存在问题：当我们摒除了文化、历史、环境、境界、气氛之后，茶是否能独立地存在？

好茶，自有色、香、味的评断标准，这是毫无疑问的。

但是，使好茶臻于最高境界的因素也不可忽略，用好水、好壶、好火候，有好的朋友，在好的时间与空间下，才可能品味出一泡好茶的真滋味。倘若在喝茶时还能有感动的谈话、优美的思维、细腻的体验，茶才能达到完美的境地，也才不枉为好茶了。

体会到茶叶背后有许多重要因素，我喝茶愈来愈随缘了，不像年轻时刚开始品茶的"求茶"若渴，每年跑到各知名的茶行找茶，甚至深入茶山。一旦找到好茶，总是几十斤买回家冷藏在冰箱里，深恐到秋冬时没有好茶，无法度日。

我现在对茶叶的标准降低了，只要不是太苦涩，什么茶都不排斥。但是对围绕在茶叶旁边的因素却日益重视，如果没有知心的朋友，不是在很棒的环境下，没有很好的心情，甚至连水也懒得煮了。一旦这些因素俱足了，再普通的茶也变得十分有味。

朋友笑我说这是“老化”现象，人的感官没有少年时代敏锐，自然会以思想和心灵作为弥补。正如不做爱的人，重视灯光和床铺。

我却认为这是一种“进化”，使我们跳出了感官的束缚，站在更宏观的视野来看待茶的真实价值。

坐！请坐！请上坐！

茶！好茶！泡好茶！

这是大家都知道的势利和尚的笑话，然而反思起来，和尚不是势利，而是自然的表达。对大施主“请上坐，泡好茶”是在表达感激之意，“好茶”是一个感激的因素，谁知道那三种茶有什么不同呢？说不定寺里只有一种茶，而处处都是上座！

把茶叶的高下评得太刻板，会使茶变得商业化与世俗化，商业化使人忘记茶的真价值，世俗化则使人忽略了茶的美感与禅味。何况，这种茶叶比赛好像茶的“联考”，每年举行一次，正如大学联考一样，最后牺牲的必然是思想力与创造力，使茶文化随之物化、俗化、感官化。

所以，我无法担任茶叶比赛的评审，现在不会，以后也不可能。

饮茶洗心

满街茶旗飘扬
水里绿花开放
心中祥云飞翔
忽将烦恼冲散

老妇人跪坐着，用虔敬肃穆的神情，优雅缓慢地、每一个动作都那么分明地泡着茶，于是室内安静了。

安静，使院子中的蝉声一声高过一声，竹篱旁的石臼涌出了水声，甚至可以听得更远，远到宇治川的流水之声，以及鸽子在川畔春心荡漾的咕咕声。

用竹子做成的打茶梳，把茶碗中的抹茶打出一层浓浓的泡沫，最后的动作总算完成了。

从我们坐下来等待喝茶到茶泡好，已经过了一刻钟。

老妇人双手捧茶放在面前，并给我们一个九十度的鞠躬，我们也回了一个九十度的大礼，才恭敬地端起茶来。抹茶的幽香在端茶的那一刻，仿佛从安静中醒转：它的香带着草的气息，它的碧绿则如初长的秧苗，它的雪泡像是飘在草原上的云。

刚泡好的抹茶，温度适中，香滑如乳。

老妇人跪坐在旁，等待我们把茶喝完，深深一礼，问道："茶还好吗？"

我们以深深的鞠躬作为回答。

喝了这么好的茶，不只让人想作礼、鞠躬，甚至想叩头感谢天地，感谢泡茶的人。

泡茶的老妇人不是普通的日本欧巴桑，而是宇治市对凤庵中专业的茶师，也是政府聘任专门为观光客示范日本茶道的泡茶人。她自从宇治市成立市营茶室后就在这里泡茶，至今已有三十几年。

专业的茶师虽然重复着相同的动作，但由于对茶的敬重，那些刻板的动作中也有宗教仪式的诚心。于是，我们在沉默中欣赏着，自然升起了感动。

这里是京都府的宇治市——日本著名的茶产地。走入宇治市街，几乎家家都有"茶"的店招，而且户户都是"老店"。走入店中，满满都是茶袋与茶罐，通常最高级的茶都摆在最内侧最高的位置，而装茶的罐子最小，包装最为繁复。

对于日本茶的品级，我没有研究。若以价格来看，不论是金罐还是银罐的宇治煎茶，价钱都不比台湾的高山茶昂贵，只有最好的抹茶能与我们的高山茶相提并论。

但人生更需要准备的，不是昂贵的茶，而是喝茶的愉悦心情！

要寻找喝茶的心情，就要穿过大街的茶店，来到宇治川畔。宇治川上架着橘红色的桥，两岸都是葱绿的垂柳，不知名的鲜花在柳树下盛放。

随意找一家茶室，竹篱、木门，门内铺着发亮的石头，水流潺潺的石臼，几株秀雅的花树，纵使只有一坪的院子，也能营造出一个美巧、宁静、充满生意的空间。

这些茶室不像市营茶室有专业茶师服务，却更有民间风味。一碗绿油油的抹茶，一块甜滋滋的糕点，就可以安静地享受午后时光。当看到宇治川上的白鹭鸶流连不去，阳光从木格窗斜斜照进来，感觉时光往前溯源，仿佛能品味到荣西禅师从中国引入第一泡茶的滋味。

其实，若以茶味而言，日本茶是十分单调的，只有抹茶和煎茶两种。在茶的火候、烘焙、揉捻，甚至在茶种上都殊少变化。也由于茶的单调，只有以各种气氛来烘托，所以发展出一套饮茶的形制。到后来，连茶室中的画、花、糕点都有严苛的规定，使茶脱出了色香味，成为文化、思想、修养的表征了。

茶道，在日本成为一个独立的存在，一种美学、一种境界，乃至一种生命的完成。

我常常在想，日本抹茶的茶室与广东茶楼的饮茶相比，会让我们对文化有更深的思考，就好像我们常说“柴、米、油、盐、酱、醋、茶”，把茶摆在最后一位。但是在日本（至少是在宇治），排序应该是“茶、醋、酱、盐、油、米、柴”，看看满街的茶室、醋酱的专卖店就可以了然了。

我也常常在想，唐朝茶引进日本的时候，如果引进各种茶种和制茶的方法，今天的日本应该会有完全不同的面目。而如果带茶种回日本的不是禅师而是商人，今天的日本茶也不会和禅道、文化结合得如此之深了。

坐在宇治川畔的茶室，我很羡慕茶成为美学与境界的象征。不像今天的台湾，大家竞逐高山茶、冠军茶，使茶停留在鼻子、舌头与喉咙的层次。试问：茶如果只留在闻香、甘甜、喉韵的位阶，又有什么好说的？茶如果没有禅味，失去美学，与菜汤、果汁又有什么分别呢？

正如对凤庵茶室的白墙上挂的一幅字“洗心”，坐在“洗心”的书帖下向外望去，正好看到石臼的水汩汩冒出，把臼旁的山石洗得纤尘不染。

我斗胆请茶师再为我们示范一次抹茶的泡法，我和妻子恭敬而安静地跪坐一旁。沏水、温杯、打茶，将米色的茶碗转了一圈，一切都是那样浑然天成。

我们一口饮尽碗中之茶，再次顶礼致谢。我直起身来，不知如何言语，与妻子相视微笑。那一刹那，感觉天地群山都微笑了。

无我的茶

与朋友相约去爬山的时候，我总是比平常起得更早，准备到山间泡茶的用具。

朋友说：“起得更早，是为了烧开水吧！”

我说：“不是为了开水，而是为了开心，我很喜欢和你到山上喝茶。”

那种欢喜和开心，是为了“一生一会”的想法。在这个忙碌混乱的社会，要和朋友在咖啡馆喝杯咖啡或在茶馆饮茶都是困难的；何况是在宁静的山林，对着沿山坡变化的枫树、松树、相思树，喝着最好的茶，真是人生难得的。

在山林里喝茶当然不比在家里，有各种齐全的用具。所以，我通常准备一大壶开水放在保温瓶里，带着一把紫砂壶、几个小杯子，还有两三种茶叶，然后背着到山顶去喝茶。

山林里的喝茶，是与室内不同的。由于心里充满了自由，所以我们可以随意选择泡茶的地方，不管是坐在风景美好的树林还是繁花盛开的花园，都可以感受那来自高山的茶与四周的林园融成一气，我们的心也就化成一股清气，四处飘散了。

那种清朗之气的回归，使我们进入无我的境界，这使我想起有一个爱茶的朋友组成的茶会。他们常在各地风景好的地方喝茶，互相分享带来的茶叶，茶会的名称就叫“无我茶会”。

这名字取得真好。如果山林与茶都是宇宙大河流中的一叶，当我们“入流亡所”，也进入那宇宙的大河流，忘记自己的执着，就会呈现“无我”的状态。“无我”就会连忧悲苦恼一起流入大化，到最后，胸中只剩下山林与茶香，而整个山林也充溢了友情。

宋朝以前的人喝茶，都是用大壶大碗。寻找心灵自由的僧人，为了四处云水参访，为了在林间品茗，发明了紫砂小壶，以便揣着小壶在人间游行，遇到志同道合的人就坐下来喝一泡茶，或独自行走时，在山边水湄坐下来与树木和溪水共饮。这是紫砂壶的由来。因此，紫砂壶中有着浪漫的心，这是为了自由、为了无我而创造出来的。

我们虽非僧侣，却也是为了云水的自由而游行于人间，如是思维，我们的心也就拔就如云，我们的情感也就灵动如水了。

喝完茶，我们再度走向人间，带着春茶的清气，爱也清了，心也清了。

喝完茶，我们再度走入风尘，带着云水的轻松，步履也轻了，行囊也轻了。

茶香一叶

在坪林乡，春茶刚刚收获结束，茶农的脸上才绽开了笑容，陪我们坐在庭前喝茶。他把那还带着新焙炉火气味的茶叶放到壶里，冲出来时，一股新鲜的春气溢满了一整个才刷新不久的客厅。

茶农说：“你早一个月来的话，整个坪林乡人谈的都是茶，想的也都是茶，到一个人家里总会问：采收得怎样？今年烘焙得如何？茶炒出来的样色好不好？茶价好还是坏？甚至谈天气也是因为与采茶有关才谈它，直到春茶全采完了，才能谈一点儿茶以外的事。”听他这样说，我们都忍不住笑了，好像他好不容易从茶的影子走了出来，终于能做一些与茶无关的事情，好险！

慢慢地，他谈得兴起，连一斤三千元的茶也拿出来泡了，边倒茶边说：“你别小看这一斤三千元的茶，是比赛得奖的，同样的品质，在台北的茶店可能就是八千元的价格。在我们坪林，一两五十元的茶就算是好茶了；可是在台北，一两五十元的茶里还掺有许多茶梗子。”

“一般农民看我们种茶的茶价那么高，喝起来又是慢条斯理，觉得茶农的生活蛮悠闲的。其实不然，我们忙起来的时候比任何农民都要忙。”

“忙到什么情况呢？”我问他。

他说，茶叶在春天的生长是很快的，今天要采的茶叶不能留到明天，因为今天还是嫩叶，明天就是粗叶子，价钱相差几十倍，所以赶清晨出去一定是采到黄昏才回家。回到家以后，茶叶又不能放，一放那新鲜的气息就没有了，因而必须连夜烘焙，往往工作到天亮。天亮的时候又赶着去采昨夜萌发出来的新芽。

而且这种忙碌的工作是全家总动员，不分男女老少。在茶乡里，往往一个七八岁的孩子就懂得采茶和炒茶了。一到春茶盛产的时节，茶乡里所有孩子全在家帮忙采茶炒茶，学校几乎停课。他们把这一连串为茶忙碌的日子叫“茶假”——但孩子放茶假的时候，比起日常在学校还要忙碌得多。

主人为我们倒了他亲手种植和烘焙的茶泡出的茶水。一时之间，茶香四溢。文山包种茶比起乌龙还带着一点儿溪水清澈的气息，乌龙这些年被宠得有点儿像贵族了，文山包种则还带着乡下平民那种天真纯朴的亲切与风味。

主人为我们说了一则今年采茶时发生的故事。他由于白天忙着采茶、分茶，夜里还要炒茶，忙到几天几夜都不睡觉，连吃饭都没有时间，添一碗饭在炒茶的炉子前随便扒拉扒拉就解决了一餐。这样不眠不休地工作，只希望今年能采个好价钱。

“有一天采茶回来，马上炒茶，晚餐的时候自己添碗饭吃着，扒了一口，就睡着了。饭碗落在地上打破都不知道，人就躺在饭粒上面，隔一段时间梦见茶炒焦了，惊醒过来，才发现嘴里还含着一口饭，一嚼发现味道不对，原来饭在口里发酵了，带着米酒的香气。”主人说着说着就笑起来了，我却听到了笑声背后的一些辛酸。人忙碌到这种程度，真是难以想象。抬头看窗外那一畦畦夹在树林山坡间的茶园，即使现在茶采完了，还时而看见茶农在园中工作的身影，摆在我们面前的壶中茶叶原来不是轻易得来的。

主人又换了泡新茶，他说："刚喝的是生茶，现在我泡的是三分仔（即炒到三分的熟茶），你试试看。"然后他从壶中倒出了黄金一样色泽的茶汁来，比生茶更有一种古朴的气息。

他说："做茶的有一句话，说是'南有冻顶乌龙，北有文山包种'。其实，冻顶乌龙和文山包种各有各的胜场，乌龙较浓，包种较清；乌龙较香，包种较甜，都是台湾之宝！可惜大家只熟悉冻顶乌龙，对文山的包种茶反而陌生，这是很不公平的事。"

对于不公平的事，主人似有许多感慨。他的家在坪林乡山上的渔光村，从坪林要步行两个小时才到，遗世而独立地生活着。除了种茶，闲来也种一些香菇。他住在海拔八百米高的地方，为什么选择住这样高的山上？"那是因为茶和香菇在越高的地方长得越好。"

即使在这么高的地方，近年来也常有人造访。主人带着乡下传统的习惯，凡是有客人来总是亲切招待，请喝茶请吃饭，临走还送一点儿自种的茶叶。他说："可是有一次来了两个人，我们想招待吃饭，忙着到厨房做菜，过一会儿出来，发现客厅的东西被偷走了一大堆，真是令人伤心哪！人在这时比狗还不如，你喂狗吃饭，它至少不会咬你。"

主人家居不远的地方，有北势溪环绕，山下有个秀丽的大舌湖，假日常有青年到这里露营。青年人所到之处，总是垃圾满地，鱼虾死灭，草树被践踏，然后他们拍拍屁股走了，把苦果留给当地居民去尝。他说："二十年前，我也做过青年，可是我们那时的青年好像不是这样的。现在的青年几乎都是不知爱惜大地的，看他们毒鱼的那种手段，真是令人毛骨悚然，这里面有许多还是大学生。只要有青年来露营，山上人家养的鸡就常常失踪。有一次，全村的人生气了，茶也不采了，活儿也不做了，等着抓偷鸡的人。最后抓到了，是一个大学生，村民叫他赔，一只鸡一万块，他还理直气壮地问：‘天下哪有这么贵的鸡？’我告诉他说：‘一只鸡是不贵，可是为了抓你，每个人本来可以采一千五百元茶叶的，都放弃了，为了抓你我们已经损失好几万了。’”

这一段话，说得在座的几个茶农都大笑起来。另一个年纪大的茶农接着说：“文山区是台北市的水源地，有许多台北人都怪我们把水源弄脏了。其实不是，我们更需要干净的水源，保护都来不及，怎么舍得弄脏？把水源弄脏的是台北人自己，每星期有五十万台北人到坪林来，人回去了，却把五十万人的垃圾留在坪林。”

在山上茶农的眼中，台北人是骄横的、自私的、不友善的，任意破坏山林与溪河的一种动物。有一位茶农说得最幽默：“你看台北人自己把台北搞成什么样子，我每次去，差一点儿窒息回来！一想到我们辛辛苦苦种出来的最好的茶要给这样的人喝，心里就不舒服。”

谈话的时候，他们几乎忘记了我是台北来客，纷纷抱怨这个城市。在我们自己看来，台北城市的道德、伦理、精神只是出了问题；但在乡人的眼中，这个城市的道德、伦理、精神在几年前早就崩溃了。

主人看看天色，估计我们下山的时间，泡了今春他自己烘焙出来的最满意的茶。那茶还有今年春天清凉的山上气息，掀开壶盖，看到原来蜷缩的茶叶都伸展开来，感到一种莫名的欢喜。心里想着，这是一个茶乡里一个平凡茶农的家，我们为了品早春的新茶，老远从台北来，却得到了许多新的教育：原来就是一片茶叶，它的来历也是不凡的，就如同它的香气一样，是不可估量的。

从山上回来，我每次冲泡带回来的茶叶，眼前仿佛浮起茶农扒一口饭睡着的样子，想着他口中发酵的一口饭，说给朋友听，他们一口咬定：“吹牛的，不相信他们可能忙到那样，饭含在口里怎么可能发酵呢？”

我说："如果饭没有在口里发酵，哪里编得出来这样的故事呢？"朋友哑口无言。

然后，我就在喝茶时反省地自问：为什么我信任只见过一面的茶农反而超过我相交多年的朋友呢?

疑问就在鼻息里化成一股清气，在身边围绕着。

猫空半日

坐在茶农张铭财家的祖厅兼客厅兼烘焙茶叶的茶坊里，我们喝着上好的铁观音，听着外面狂乱的风雨，黄昏蒙蒙，让人感觉这一天真像梦一样。

我们坐的这个临着悬崖的地方，有一个非常奇特的名字——猫空。从门口望出去，站在家屋前那株巨大的樟树，据说已有一百多年的历史了。

左边有两株长得极像莲雾的树，名字叫香果，在风雨中落了一地。风雨虽大，并且阵阵扑进窗隙，但房中的茶香比风雨更盛，那是昨夜烘焙好的一笼铁观音，还在炉子上冒着热气，铁观音特殊的沉厚之香，浓浓地从炉子上流出来。

“猫空，真是奇怪的名字！”我说。

张铭财听了笑着说：“我也觉得怪，但如果你用闽南语发音就不怪了，空就是洞，这是猫洞。为什么叫猫洞呢？因为三面屏障，中间留下一个小通口，让猫进出，所以叫‘猫洞’。你看外面风雨这样大，其实不用担心，吹不进猫洞的。”

“怎么确定吹不进来呢？”

“因为我们家在这里，从我祖父开始，已经住了快一百年了。”张铭财得意地说，“我家的位置是很棒的，从风水上说，我家的地方是美人座，对面的指南山背是铜镜台，这在风水上叫‘美人对镜’。”

我们顺他的眼光望去，正看到指南山的翠绿向两边开展出去，中间隔着一条幽深的谷口。

张铭财是在猫空这间老厝出生的，他说他从四岁就开始到茶园去采茶了，和茶结下不解之缘。如今他家墙上挂着满满的茶赛得来的奖状，是他三十多年努力的成绩。

我们翻开台湾茶叶的历史，找到铁观音的条目，上面这样写着：

相传“铁观音茶”名称之由来，系清乾隆年间，福建安溪魏荫氏在一观音寺的山岩发现一株茶树，认为是观音菩萨所赐，几经移植繁殖，由于叶片厚重，制成的茶叶色泽如铁，而称之为“铁观音”。清光绪二十二年（1896年）张乃妙、张乃乾兄弟由安溪携铁观音茶苗十二株在木栅樟湖（今指南里一带）种植，逐渐繁殖迄今，当地茶园面积达七十公顷，是全台正宗铁观音茶产地。

张铭财正是张乃妙、张乃乾兄弟的后人，而在这一个山谷里种铁观音维生的，也都是姓张的，屈指一算，有近百年的历史。张铭财家最早的祖厅现在还屹立着，红瓦砖墙，十分优美。他说，那是来自福建安溪的人亲手盖成的。

正言谈间，我们看外面的风势渐渐大起来，黄昏渐渐深了，想起立告辞。张铭财却说：“再坐一下嘛，山里没有什么好东西招待你们，只有这茶。这茶是我妈妈一叶一叶摘的，是我炒的，我太太泡的，你们不喝光就走，真是太可惜了。”

我们只好把风雨暂时在心底封藏，用心地品起铁观音的滋味来。这铁观音真的是与我平常所喝的茶大有不同，可能是刚烘焙出来，也可能是主人的热情，使我们不仅喝出了那深厚的香醇，也品到了山香云气。再加上张太太冲茶的方法十分独特，这铁观音的香气直冲云霄，把我日常喜爱的冻顶与武夷远远抛在后面了。

在厚实的饭桌上喝茶，使我思及今天奇特的缘分。昨夜新闻刚发布了“佩姬”台风将在今天登陆的警报，清晨，一位疯狂的朋友打电话来说：“到山里去喝茶，看风雨吧？”

“下午有台风呀！”

“台风晚上八点才登陆，紧张什么？”

什么山呢？

朋友说：“在木栅指南山有一个开放的茶园，山上有一栋木造的现代建筑，临着高高的窗口，可以看到整个绿茸茸的山谷。并且，那里有着上好的铁观音与包种茶，保证不虚此行。”

我们便沿着指南路开始往山上开去。一入山，发现这一整片山除了林木，就是茶园，茶园虽然没有什么变化，但只要想到它的芳香，那每一片茶叶都美丽了起来。走过了樟山寺，“佩姬”的裙摆便开始浪漫地摇摆起来了。

一路上走走停停，绕过瓦厝、樟湖，时常有动人的视野出现，尤其到了樟湖的坳口附近，同时有三条彩虹出现：天上一道，山谷里也有两弯，在糅合着雨丝与阳光的午后，有一种出尘之美。朋友说：“看到这三条彩虹，再大的风雨也值得了吧？”

等我们到达了传闻中美丽的建筑，才知道这栋外表全以红砖建造，内部由木头构成的楼房名称是“台北市铁观音、包种茶展示中心”。名字虽然俗气，内部倒是十分雅致。它背山面谷，一望无际。我想，在这样的地方喝茶，不管什么茶都会好上三分。

可惜福缘不够，这展示中心已经打烊了，我们虽然一再拜托，但中心的人因为要赶着下山，便不能招待我们了。这时，走过来一位年轻帅气的青年热情地说：“你们要喝茶，请到我们家来吧！”

这位青年就是眼前的张铭财。他把我们带回家的时候，他的母亲和妻子并不感觉意外，那是因为他时常带人回家里喝茶。在他家的前庭还盖了一个露天饮茶的石桌椅，可惜风雨太大，使我们不能在户外喝茶。

张铭财对他自己所种的茶叶有十足的信心。他说自己在茶树中长大，由于住在深山之中，对物质早已没什么欲望，他最大的理想是研究茶的品种与技术，希望能种出更好的茶来。

“做出更好的茶，实在是一个茶农小小的心愿呀！”他看着窗外，谈起了他回到茶乡的一些心情。

张铭财退伍的时候很有可能在平地发展，但最后他选择回到家乡。那是因为他找到一位贤淑的妻子，她为了鼓励他继续在茶方面发展，同意随他搬到山上，才使他更安心地在山上种茶。他现在是木栅观光茶园的示范户，平时又在茶展示中心上班，生活过得非常惬意。

张太太说，刚住到山上来有些不习惯，日子久了，习于山上平静的生活，也懒得下山了。他们有两个小孩儿，都很活泼可爱，这样的风雨天还在屋前的茶园玩耍。我想着：这会不会又是铁观音的新一代呢?

天色已暗，我们才不舍地告辞。张铭财的母亲赶紧跑进屋内，提了一袋她早上才从竹笋田挖来的竹笋，说：“山里没有什么招待你们，带点儿竹笋回去吧！”情不容辞，我摸摸竹笋，感觉到一种山上人家特有的温暖——这才是人的真实，只是我们久为红尘所扰，失去了这种真实吧！

回到家里，打开随手在茶展示中心拿的简介，上面有两段描述茶的味道的句子，很有意思：

铁观音：形状半球紧结，冲泡之茶汤水色蜜绿澄清，香醇有独特之喉韵。

包种茶：形状条索整齐，冲泡之茶汤水色蜜黄澄清，甘怡有清雅之花香味。

有时候，我们喝一壶茶，知道某种联想、某种韵律，是从生活的温暖与真实中泡出来的，那么不仅是茶，连人情世界都是蜜绿澄清、香醇甘怡，有独特的韵味了。

私房茶与私藏茶

茶味禅味
味味一味
诗心佛心
心心相印

我有一位卖茶的朋友，他和太太在热闹的市街开了一家大的茶行。

夫妻俩都懂茶、爱茶、喜欢喝茶，他们蒙起眼睛喝茶，几乎可以同时叫出茶的名字。

这当然有点儿稀奇。更稀奇的是，凡是摆在店里卖的都是次好的茶，最好的茶是不在店里卖的。

每年盛产春茶和冬茶的时候，他们夫妻就会到各地的茶山去找茶、品茶、买茶，大部分的茶都是普通的，只有少部分的茶是上好的。

运气好的年节，可以找到几百斤上好的茶；运气差的年节，只能有几十斤上好的茶。

普通的茶卖给普通的客人，上好的茶只卖给上好的顾客。

“上好的顾客”并不是有钱的顾客，而是懂茶、爱茶、喜欢喝茶的顾客，因为他的“上好的茶”也不是“最贵的茶”。

这一对伉俪把找回来的好茶藏在地下室的冰柜里。当老客人来买茶时，就像情报员在交换情报，两人窃窃私语，讨价还价，谈的并不是价格，而是那个客人值得卖出几斤。

“卖两斤给他好了，剩下的茶不多。”茶太太说。

“他对我们茶行很照顾，我看多给两斤吧！”茶先生说。

“最多最多三斤，另一斤留给我。”茶太太又说。

最后，茶太太从地下室抱出三斤茶，对顾客说：“真对不起，今年只剩下这三斤好茶了。”

与先生拉扯而留下的一斤茶，可能就会藏在衣橱、米缸、花盆，或者是更隐秘的地方。

等到茶先生把地下室的茶卖完了，有朋友上门买茶，先生就开始翻找家里各个秘密的角落，每次从不可思议的地方找出一斤茶来，就会大叫：“我找到了！我找到了！”

茶太太会又好气又好笑地跑出来：“糟糕！这是我要留着自己喝的，你都找出来卖。卖光了，我想喝的时候就要憋到死了！”

有一次，我去找茶先生买茶，当年上好的春茶已全部卖光，地下室空空如也，我们费了九牛二虎之力，才在米袋里找到一斤茶。

这回，茶先生没有大叫“我找到了”，反而把食指放在唇上，示意我不要出声，好像两个偷了母亲私房钱的小孩子，大气也不敢喘地坐在亭前喝可能是那一年最好、一定是最后的一泡春茶。我们完全沉醉在春茶的芳醉里的时候，“母亲”回来了。

不是“母亲”，是茶太太买菜返家，菜篮放着，挥汗如雨，说：“老仔，倒一杯给我！”

茶太太端起茶来，只吸了一口，她脸上的表情完全是抓到孩子偷钱的样子，眼睛直直地瞪视丈夫，长叹一口气："这是我的最后一斤茶呀！"

茶先生看看我，也叹了一口气："这辈子品茶，恐怕永远也追不上我太太了！"

那一刻，我非常非常感动，端起茶来，仿佛是喝着由感动所结成的泪水。这一对隐居在台北东区的寻常夫妻，不仅是茶的伴侣，也是茶的知己。在品茶方面，他们有一般人难以企及的境界。

茶的滋味、禅的滋味、诗的滋味、生活的滋味是平等而无差别的，因此，不应该看重这个而忽视那个。对于心灵更细腻、更柔软、更提升的境界，从哪一个入口进去都是好的。

宇宙之味、佛菩萨之味、凡夫之味，原来只是一味，端看品尝的深浅罢了。

如来之心、禅师之心、诗人之心，原来只是一心，只问印证的清浊而已。

深浅或清浊不假外求，就从眼前的这一味、当下的这一念契入吧！

这些年来，我的写作虽然不像私房茶或私藏茶，只献给少数的人，但我总是深信：知味的人一定能品出我泡出来的好茶。

我也总是深信：在热闹的人生中，喝到一杯好茶，并且能深深地知味，是难得的幸福呀！

茶与杯的玄思

故乡的体育场附近有一个老人聚集的茶亭，终日都有老人在那里喝茶开讲。我回乡居住的时候，总爱去那边闲坐，听听老人在生活中的智慧与品味。

由于茶亭少有年轻人去，我刚去的时候，老人有些惊疑，后来知道我是后发哥仔的后生，立刻就冰释了，还热情地说："来，这是你老仔生前常坐的地方。"

我发现老人有一个非常明显的特质，就是有说不完的话。他们几乎可以终日聊天而话题不断，从政治事件讲到"强奸杀人"，从春耕播种说到西瓜落价，从台东的天气真好扯到屏东某村落三十年前下冰雹……有时候对世事的知情与议论，一针见血的观点犹胜许多在电视上胡扯的知识分子。

有一天，一位阿伯仔听到别人说"西瓜好吃，可惜多子"的议论，他说："现在的世事、现代的人情比西瓜的子还要复杂。"

别的老人就问："你是怎样看的？"

“这真奇怪，”老人自信满满地说，“卡早[①]的人一把雨伞可以用很多年，现在的人一年用很多把雨伞；卡早的人一双皮鞋穿十几年，现在的人一年买十几双皮鞋；卡早的人一个春天只做耕种一件事，现在的人一天做许多件事，乱到看不见一个春天……”

他说得其他老人无不点头表示同意。

他的议论犹未尽。老人的谈话有一个特色，就是凡有议论都可以尽情诉说，别人不会随便插嘴。他又说：“只要想想，这样的生活怎能不复杂？光是每天出门要穿哪双皮鞋、哪件衣服就要动半天脑筋了。我孩子订了两份报纸，一早开门，连信箱也塞不进去。你看，一天就发生这么多事情，咱的一世人加起来，也没有那两份报纸厚。现在的人光是看报纸，就浪费多少时间，生命哪会得到清明呢？”

“复杂也没什么不好，表示现在的生活富裕了呀！”一个老人说。

阿伯仔讲：“复杂有什么好？复杂的人就没有单纯的心情，生活便不会踏实和朴实了。一日到晚像苍蝇找糖膏，飞过来又飞过去，不知道无闲是赴死……”

讲到这里，一个老人站起来为大家斟茶，阿伯仔突然大有所悟地说：“对了，就像一把茶壶一个杯，这就是单纯的心情。我们如果只有一把茶壶一个杯，才不会计较喝的是什么茶。一斤一百元的茶枝，饮起来也真有滋味。假使一把茶壶几个杯子也很好，因为大家喝的都是同款的茶，没什么计较。现代人的生活就是好几把茶壶，倒在几十个茶杯里，这就复杂了。大家总会想，别人的茶壶里不知道是什么茶，想喝一口看看，喝不到就用抢的。喝好茶的人也想喝另外的那壶，久了以后，即使是坐

① 卡早：台湾地区的俚语，意为很早以前。

在一起喝茶的人，心里也充满了怨恨和忌妒……”

这一段说得好极了。老人们都沉默地喝着眼前这壶由老人会提供的廉价茶叶，都觉得滋味甚是美好。

阿伯仔意犹未尽地说：“就像我们现在看黄昏的夕阳。一个夕阳，古时人看起来和现代人看是一样的。站在平地和站在山顶上看，夕阳也都是同款的美。但是如果心情复杂，站在这山看那山高，夕阳永远没有最美的时刻。”

众人一听，都同时望向夕阳的方向，原来日头已西斜。经老人一说，今天的夕阳看来真是特别美丽，余晖遍照大地。

“有一天，我的孙子问我：‘阿公，世上什么东西最好吃？’我说：‘饿最好吃。’他又问我：‘阿公，什么是最好的心情？’我说：‘单纯最好。’他又说：‘阿公，幸福是什么？’我说：‘平安是福。’”

聊到这里，该是散会，该是“阿公回家吃晚饭”的时候了。大家欢喜地站起来各自走路回家，相约明天再来开讲。我踩着夕阳流金一样的草地回家，想到老人说的“饿最好吃”，感到肚子真的有些饿了，妈妈煮的菜的芳香竟飘到两公里外体育场的路上来了。

住在乡下的日子，真的感觉到单纯的心情是一种最美的心情。在城市生活的日子，我们每天总是在追求一些目标，生命的过程往往就无意间流失了，我们的追求越来越复杂，使人人就像苍蝇一样飞来飞去。

我想到幼年住在外祖母的家，每次和表兄弟相约吃完饭出去玩，我们总是无心吃饭，胡乱扒一扒就要溜出去。外祖母总会拿拐杖敲我们的头，说：“你呷那么紧，要去赴死吗？”然后她说：“你不慢慢吃，怎么知道我们台湾的米多么好吃？”

有一次，我看到报纸上一条名牌跑车广告。广告词说：“加速到一百公里，只要九秒钟。”就思及外祖母的话：“你驶那么紧，要去赴死吗？”台湾俗语里说：“呷紧弄破碗。”确实含有人生的至理。

一个复杂的社会勾起了人更复杂的欲望。复杂的欲望则搅乱了单纯的心，使我们不知道能坐下来谈天说地是生命的一种至美，使我们不知道踩着夕阳在小路上回家是生活中必要的历程，使我们忽略掉吃妈妈煮的稀饭配酱瓜是比大饭店的山珍海味更值得珍惜的。

我想到有一回看一位老人从脚上拔下一根脚毛放在桌上，义正词严地说：“我们不能小看自己的一根脚毛。”

众人愕然。

他说：“这根脚毛存在的条件，说来是很深奥的，先要有脚、有活着的身体；接着，要从小吃饭、穿衣、父母照顾，才能长出一根脚毛；再然后，脚毛存在是因为我们存在。我们要有父母、无数的祖先，祖先要个个穿衣、吃饭，平安长大则要有地球的生机、太阳的培育与月亮的生息。你看，这小小的一根脚毛不是单独存在的呀！”

我们如果不能珍惜、重视、疼爱自己的一根脚毛，那就是有负于天地众生了。现代人不能维护单纯的心，往往误以为复杂地飞来飞去能追求更美好的生命。殊不知，再复杂的事物也比不过一根脚毛呀！一切多变的云霞与彩虹的多彩背景就是一片蔚蓝的天空。不知道单纯之好的人，就是从未看见天空的人。

好好地饮眼前的这杯茶吧！细细品味当下的这碗饭吧！生命没有第二个此刻。让我们承担这个此刻，进入这个此刻。因为，饿最好吃，单纯最好。

水在舌头上

清朝的梁章钜非常喜欢喝茶，他常常和别人在一起切磋茶艺。他最喜欢到武夷山的天游观，因为观中有一位静参道士，是善品茶又好品茶的人。

梁章钜每回和道士喝茶，都会把他品茶的心得记录下来，后来收在他的著作《归田琐记》里。

静参道士把茶名和茶品分成四等。

茶的四等分别是花香、小种、名种、奇种，其中以奇种的品最高，奇种喝起来有梅花或木瓜的清香。但这种清香不是人工加制的，而是茶树种在梅花近旁，久而久之就熏习了梅花的清香，木瓜亦然。

由于奇种茶的数量很少，每株茶树的茶味道不同，静参说："三十六峰中，不过数峰有之。各寺观所藏，每种不能满一斤，用极小锡瓶贮之，装在各种大瓶中，遇贵客名流到山，始出少许，郑重瀹之。"

我们可以想象那种贵客名流到寺观的情景，法师、道士郑重泡茶，茶只有一点点，先装在锡瓶，再装在大瓶，想想都要醉茶了。古人把好的茶称为"绿色黄金"，茶岂止是黄金？黄金有价，吸取天地精华的茶是无价之宝呀!

静参道士把茶的品等分为香、清、甘、活四等:

茶品之四等，一曰香，花香、小种之类皆有之，今之品茶者，以此为无上妙谛矣;不知等而上之，则曰清，香而不清，犹凡品也;再等而上之，则曰甘，清而不甘，则苦茗也;再等而上之，则曰活，甘而不活，亦不过好茶而已。活之一字，须从舌本辨之。微乎!微矣!然亦必瀹以山中之水，方能悟此消息。

这段话现在看起来，仍然是品茶的好标准，茶的最高境界是“活”。“活”这个字正好是“水在舌头上”或“舌头上有水”，是无法以语言文字来说明的，只能用舌头来悟得好茶的信息。

也可以说，好舌头比好茶更重要，好的情趣与修养是品茶不可缺少的。明朝的屠隆在《考槃余事》里说:“使佳茗而饮非其人，犹汲泉以灌蒿莱，罪莫大焉;有其人而未识其趣，一吸而尽，不暇辨味，俗莫甚焉。”

如果用好茶来招待不会喝茶的人，就像汲取甘泉灌溉无用的树木，罪过是很大的。有一些不识茶趣的人，一口就喝光你的好茶，根本不会分辨茶味，这世间再也没有比这更俗气的了!

“活”这个字用得真好，这也是好茶与好禅相通的地方。

唐朝有一位投子大同禅师，道风很盛，一位章和尚投在他门下修行。

有一天，章和尚做完寺里的劳动回来，投子禅师倒一杯茶给他，并说:“森罗万象皆在此。”

章和尚接过茶，即将茶水泼洒于地，反问投子禅师说:“现在，森罗万象又在何处?”

投子禅师说："可惜一杯好茶！"然后就缄默了。

读这则公案令人扼腕，真的是"清净之水，游鱼自迷"，可惜一杯好茶被无知地泼在地上了。

禅宗祖师常告诫学人"参活句，莫参死句""死中得活""觅一条活路"，都是在说禅是活活泼泼、明明白白的。一旦成为形式主义，成为意识形态，成为僵化的认知，那就变成了死禅。

什么是活？只有水在舌头上，才能悟此消息。

佛山无影水

住在树林镇的朋友来看我，提来三桶水，每桶三十公斤。

在这么燠热的天气，看到朋友满头大汗，使我不忍。

“这么远，提水来干什么呢？”

朋友说：“上次来你家喝茶，发现你只有好茶，没有好水，于是这次找了一些好水来配你的好茶。”

朋友所提来的“好水”是产自三峡镇佛山里自然涌出的矿泉，水质非常甘美，而且整座佛山未被污染，是台湾少见的纯净水源。

我们当场就用佛山的水泡茶，果然茶汤的颜色和茶味就完全不同了——好水使好茶的好滋味加倍地发散出来，这使我想起陆羽为什么要走遍天下，来为茶水分等级了。

朋友说：“真不好意思，没有什么贵重的东西送给林先生，竟送了这么粗贱的水。”

我说：“快别这么说，我们台湾人说‘诚意吃水会甜’，何况水是无价之宝，我觉得受之有愧呢！”

由于有好茶、好水、好朋友，那个午后给我们留下了美好的回忆。

不仅如此，这几个三峡镇的朋友，每隔一段时间就给我载几桶水来，使我的“佛山水”不虞匮乏。

有一天，朋友说：“林先生，愿不愿意到佛山去走走呢？”

“当然愿意。”长期喝着佛山的水，对佛山不仅生起因缘之感，也充满了向往。

来到佛山顶上，美丽的佛山精舍就展现在眼前了。

佛山精舍的住持出来迎接我们，门口有一些排队汲水的人，他们都是风闻佛山的水质甘美，从各地赶来提水，有的甚至整卡车载回山下。

佛山因为涌泉不断，因此不管提多少水都是免费的。

住持说：“借着佛山水与众生结个云水因缘吧！”

佛山精舍缘山而建，全用石头砌成，屋前的平台正对着西方落日，山谷纵连，美景殊异。我说：“如果每天坐在这个平台做净土十六观是最好不过了。”

当我们坐望落日，浑然忘我的时候，住持采来了山后自种的李子，红色的李子中好像包着整个佛山的水汽，多汁而饱满。

住持说：“佛山以李子和水闻名，另外三样东西也很稀有难得：一个是萝卜，一个是竹笋，一个是嫩姜。它们全都脆甜多汁，常有人误以为吃到了梨子。”

我说：“这三样不如就叫‘佛山三梨’吧！”

大家听了开心，就起哄，请我为佛山的水取个名字，我灵机一动，说：“不如就叫‘佛山无影水’吧！”

大家齐说：“妙极了！妙极了！但这个名字是什么意思？”

我说，黄飞鸿的“佛山无影脚”天下知名，希望“佛山无影水”也能广为天下人所知。

其次，最好的水应该是“无影无迹”毫无杂质，佛山的水当之无愧。

再者，佛山既是佛教道场，希望众生自由自在、解脱无碍，无影则无执着，但愿众生喝了这“佛山无影水”，都能打破执着，超越障碍！

住持留我们在佛山一宿，我们因有要事必须下山，只能留下吃晚餐，吃到了“佛山无影水”灌溉而种出来的竹笋、朝鲜菜苗、地瓜叶，样样都有说不出来的美味。

我们在西方落日的照映中道别佛山，远远望去，佛山就像佛首一样，壮大，宏伟，有光辉。

满车的“佛山无影水”在颠踬摇动中发出淅淅沙沙的声音，我想到在台湾到处都有这样的好山好水，只可惜很少有人愿意珍惜。这样想的时候，夕阳正从西山沉落，万山寂寂，只有晚蝉拉着一声急过的长音，仿佛在唱：在这个饱受污染的岛，佛山水是弥足珍贵的。

水会永远活着

我很喜欢两则惜福与惜缘的故事。

一则是有关滴水和尚的开悟。

仪山禅师有一天洗澡，水太热了，就呼唤一位年轻的弟子提一桶冷水冲凉。

奉命提水来的弟子，将洗澡水中和了，顺手把剩下的冷水倒掉。

仪山禅师很生气地骂弟子笨蛋，他说："宇宙的事物都有用处，即使小如一滴水，不仅可以止渴、洗澡，洒树浇花也很好呀！不浪费的水就会永远活着，你凭什么浪费寺里的一滴水呢？"

年轻的弟子挨骂，不仅没有懊恼，反而开悟了，改法号为"滴水"。

我喜欢仪山禅师那种"水会永远活着"的说法。想一想，一滴水进入一株树的血液，会开出花，结出果实，并且长成树荫，给苦恼的人作荫凉呢！一滴水若进入智者的血液，会成为智慧的灵光，照耀千秋万世！

反过来说，没有被珍惜的一滴水，就是死了的水。

这是惜福的晶莹剔透的观点：不能珍惜福报，福报就一点一滴地死去；能珍惜的福报，就会永远活着。

另一则“惜缘”的故事是有关日本铁眼和尚印经的故事。

铁眼禅师是第一位发愿刊印《大藏经》（日文版）的人，为了筹募刻经的费用，他像乞者一样沿门托钵。整整过了十年，他才筹足了资金，准备开版。

不巧，这时宇治川的河水泛滥，带来严重的饥荒。铁眼不忍见灾民饥饿流离的惨状，他把要印经的所有资金都用来拯救灾民。

饥荒过后，铁眼重新为印《大藏经》托钵募款。

经过数年，资金再度筹足。要开版之前，日本发生了全国性的传染病，铁眼又把所有的钱用以济助病苦的人。

流行病过后，铁眼第三度筹募印经的资金，又经过数年，终于把第一版日文《大藏经》印成，这时离他发愿印经的时间已过了整整二十年。

到现在，铁眼版《大藏经》初版的雕版还完整地保存在京都的黄檗寺，被当成镇寺之宝。但是，铁眼不只刻这一套《大藏经》，他的前两套藏经无形无相，更感人，更深入人心。

铁眼禅师因珍惜众生的因缘，宁可延后《大藏经》的印刷，令人印象深刻。这点出了一个修行者对因缘的珍惜，在轻重缓急之间以大悲心为抉择。

俗语说：“家家有本难念的经。”我常觉得，如果一个人念不懂家里的那一本经，他就很难懂得摆在墙上的那些精装的经典了。因为对世俗谛的因缘都不能珍惜，如何能珍惜第一义的因缘法呢?

铁眼禅师最伟大的启示是，世俗谛与第一义谛是无二无别的。

惜福与惜缘不只让我们的生活有味、生命有情，也可以让我们更深刻地认识“无常法”和“缘起法”。在无常中，有所创造，让福报永远活着；在缘起中，不忤逆一个众生，众缘和合，携手走向清净之路。

朱熹的《观书有感》、杨万里的《桂源铺》都谈到了水，我很喜欢这两首诗。

《观书有感》

半亩方塘一鉴开，天光云影共徘徊。

问渠那得清如许？为有源头活水来。

《桂源铺》

万山不许一溪奔，拦得溪声日夜喧。

到得前头山脚尽，堂堂溪水出前村。

我喜欢把这两首诗放在一起看。我们如果要寻得生命的清明，就要开发出源头的活水。一个有源头活水的人，即使在生活中千磨万劫，也可以堂堂地奔出前村吧！一个发出菩提心的人就仿佛溪水或涌泉，将会超越生活的折磨，历经万般红尘劫，犹如凉风轻拂面。一个发出菩提心的人，才会懂得真正的惜缘，甚至宝爱世间的每一滴心水。

每一点被珍惜的福报，每一滴被宝爱的清水，都将会永远留在这个世间。

我们能给世界的东西可能很少，就好像把一片茶叶丢入茶壶，一片茶叶看来那样细小，但整壶的茶水中都会有那片茶叶的滋味。

我们的生命如此短暂，犹如一片茶叶偶然落入壶中，一旦释放出了滋味的精华，就会失去了。

但作为一个善念而奉献的人，你不必遗憾，正如一片落在壶中的茶叶不必忧伤，因我们生命的热力所散发的甘美之水，在人间永不失去。

是的，水，会永远活着。

生命会失去，价值会永存。

茶匠的心

17 世纪时，日本北方的土佐国，有一位贵族叫山内侯，当他要到江户参拜的时候，随身带着一位茶匠前往。因为这位茶匠在茶道上的造诣极深，山内侯一方面只爱喝他泡的茶，另一方面也有带他到江户夸耀的意思。

茶匠虽然内心不愿意，但还是勉强奉命前往。当时治安不靖，茶匠只好脱去茶匠的衣裳，带着长短刀剑，扮成武士的模样。

到了江户，茶匠大部分时间都留在主君的邸内泡茶。有一天，主君允许他到户外走走，他这才出门。出门不久，他就在池塘边，看到一位容貌猥琐的武士，看来品性不佳的样子。茶匠内心有些畏惧，因为一路上担心遇到恶棍的事终要发生了，这使他踯躅，不敢走到池塘边。

果然，那位状似浪人的武士迎上前来，对茶匠说：“你看起来是来自土佐的武士，如果能让我领教一下你的本领，那将是我的荣幸。”那武士手按剑柄。

茶匠一阵心虚，说：“我虽然穿着武士的衣服，但我并非武士。我只是一个茶匠，比剑一定不是你的对手，你放过我吧！”

浪人听了，知道茶匠的软弱，更欺身逼迫他，要他比剑，或交出身上所有的财物。

茶匠本想交出财物，一走了之，但他立刻想到这样会破坏主君的名誉和自己的名声，便迎头准备一死。他又觉得这样死了很不值，突然想到刚出门时曾路过一个教习剑道的道场，说不定可以去向剑匠学几招用剑的方法，以便能在比剑时有一个体面庄严的死法——第一流茶师赴死的姿势。

于是，他向浪人托称："既然你非和我比剑不可，我也乐于试试你的本事。不过，我随身带着主君的重要信件，必须先去复命，等回来时再和你比剑。"

浪人答应了。

茶匠急忙跑到剑道馆的门口，求见剑匠。剑匠听了他的事，当他知道茶匠是来学一个体面庄严的死法时，就说："来我这里的徒弟都是来学求胜的剑法，你是第一个来学求死的剑法，我必须破例教你。既然你是茶匠，我教你求死之法的条件就是，请你为我表演一次茶道吧！"

茶匠心想这可能是一生里最后一次泡茶，便一口答应，瞬时忘记即将赴死的事，全神贯注地泡起茶来，就好像泡茶是全世界唯一重要的事。他泡茶时那清朗、无念、庄严、绝俗的表情令剑匠深受感动，并喝下他深信是这辈子喝过最好的一杯茶。

他感叹地说："你已经不必学习什么死的方法了，你刚才泡茶的心境，不论与任何武士决战都能取胜呀！当你去赴浪人之约时，首先，就像准备茶道工作那样，先郑重地向他问候，并道歉自己来晚了。告诉他你已做好决胜负的准备，然后脱下外褂，小心折叠好，再将扇子放在上面。系上缠头，围上腰带，把裤裙的口子打开。最后抽出长剑高举过头，摆好将对手砍倒的姿势，闭上眼睛，一听到喝声，就举剑向他劈去。这整个过程，一一专注，就像你方才泡茶的样子。”

茶匠道谢之后，向浪人约定的地方奔去，就好像去为朋友泡茶，一点儿也没有恐惧。他按剑匠的忠告一一做了。当他最后举刀而立，那浪人仿佛看到一个完全不同的人格，无畏、无我、无念，浪人连喝声都叫不出来，对立了一分钟，浪人扔下武士的长刀，趴在地上求饶。茶匠原谅他，浪人连滚带爬地逃走了。

这是日本茶道流传的故事，铃木大拙曾在《禅与茶道》中引述。我非常喜欢这个故事，它给我们一些重要的启示：

一是事物的最高境界都是相通的，茶道、剑道、禅道对于内在心灵的提升与洗练并无分别。

二是要克服心里的畏惧、烦恼，最好的方法是专注地活在眼前，使眼前的这一刻充实。

三是生活的小体验与生死的大体验，唯有深刻的直觉才能洞彻。当一个人进入无我空明的境界时，不仅能无忧恼地生活，也能越过生死之海。

我喝茶时，常会想到这则故事，想到我们的生命中，也会不时遇到猥琐的浪人纠缠不清。我们是不是都能庄严、无畏、优美地举刀而立呢？我们是不是都愿意像茶匠的心，从眼前这一刻，展现一个完全不同的人格呢？

沏壶冻顶供养春天

中国茶艺得力于许多小人物，就以现在最流行的紫砂壶来说吧。紫砂壶确切的起源很难考查，但是以现存的图书为依据，在宋元以前的绘画中都没有用紫砂小壶泡茶的。

传说有一天，常州府的宜兴来了一位云游的和尚，他一边走，一边叫卖："卖富贵！卖富贵呀！"

富贵怎么能买卖呢？初听到的人感到好奇，全跑到街上来看，却发现叫卖的人原来是一个衣衫破旧的穷和尚，全都嗤之以鼻，一哄而散。只剩下一位老人，兴味盎然地看着这个和尚。

和尚就拉着老翁说："贵不用你买，买富怎么样？"

和尚一边说，一边把老人拉到山上，指着一个地方，就扬长而去，不见踪影了。

老人决定碰碰运气，他把和尚所指的地方挖开，里面竟露出五色俱全、灿若披锦的泥土。附近的陶人都来取土回去烧壶，烧出的陶器古朴素雅，不亚于瓷器。

这就是紫砂壶由来的传说，记载在明朝周高起的《阳羡茗壶系》里。

但这时紫砂烧的仍是大壶，制紫砂小壶的则是另一位和尚。

话说宜兴的金沙寺里有一位和尚，性情非常娴雅而有品位。他时常和一些制陶的工匠在一起，谈一些陶艺的事。

他看到陶师们把用剩的泥土丢弃，觉得十分浪费。于是，他把这些泥土收集起来，再加淘洗，只留下那质地最精细的泥土；然后“抟其细土，加以澄炼，捏筑为胎，规而圆之，刳使中空”；再安上底座、口、柄、盖，做成小壶，托陶师与其他的陶器入窑烧制。结果，烧出的茶壶色泽乌紫，质地坚硬，铿锵作金石声，拿到的人都当成宝物，紫砂小壶的做法就此传扬开来了。

这位金沙寺的和尚连姓名也未曾留下，很可能在历史上也不是什么大师级的人物。

第一位紫砂壶的制作名家和这位和尚一样，也不是什么大人物。

在宜兴有一位极富有的文人叫吴颐山，他有一位小书童，取名为“供春”。吴颐山有一段时间到金沙寺借住读书，供春随侍而住在金沙寺里。

供春对做茶壶很有兴趣，劳役的余暇，就学习老和尚制壶的技艺，自己也去选一些泥土捏着玩。

供春不只心灵手巧，还颇有艺术创造天分。他把老和尚制壶的技术改良，精选泥土做坯，用茶匙压内壁，用手指按压外壁，内外一起使劲，屡按屡压，反复不断，直到壶坯异常紧密为止。制成后，整把壶都留下指节纹理。“指螺文隐起可按，胎必累按，故腹半矣。”这种在壶上留下指节纹理的做法，就颇有艺术家的气派了，传说金沙寺和尚所做的壶也是以指纹为记。

周高起看到供春的壶，惊叹为“神明垂则”，“今传世者，栗色暗暗，如古金铁，敦庞周正”。闻龙在《茶笺》一书中说道：老友周文甫，家藏供春壶一把，“摩挲宝爱，不啻掌珠，用之既久，外类紫玉，内如碧云，真奇物也”。周文甫养这把壶数十年，死的时候还用以殉葬。

一把茶壶从外面看起来像紫色的玉，从里面看起来如碧绿的云，这种感受只有养过茗壶的人才能知道。

供春的壶太出色了，从明朝就有人仿制。茶壶名家时大彬就留下许多仿制供春的壶，如果不是时大彬在壶底自刻“大彬仿供春式”，现代的人根本难以分辨。

我曾看过两把供春壶，那壶看起来是随意的，表面有泥土的纹路，看着看着就令人感动了。

供春的名姓也未曾留下。

茶道之路，是由许多小人物铺成的，这一点又留下佐证。

几天前，朋友送我一斤今年的冻顶春茶。我在喝的时候，就想到如今能以紫砂壶喝到这么好的茶是幸福的，想到流汗制壶的不知名的金沙僧，想到做完劳役之后，蹲在一旁捏壶学习的供春，想到平凡的小人物如何不为名利地创造了中国茶文化。于是，觉得今年的冻顶应该供养那些创造了茶文化春天的小人物，以及人小志气高的那种伟大抱负。

看时大彬的茗壶

凡一技成名者，皆天下聪明人，乾坤灵气所钟。当路便当爱惜而保全之。若造此恶业，必永断慧根矣！

——冯梦龙

偶然间，看到明朝制壶名家时大彬的几把茶壶，忍不住感动。又想到天地间不仅自然界含英咀华，也有许多人在细微处光彩夺目，经过千百年仍不减其光芒。

时大彬是明朝万历年间的人。他的父亲也是制壶名家，名叫时朋。时大彬自幼跟随父亲做壶，手艺极为高妙，小时候的技术就与父亲并驾齐驱了，当时的人称他制的茶壶“不务妍媚而朴雅坚栗，妙不可思”。

他一开始是做大壶，后来为了文人雅士品茗的需要，改做小壶，他流传至今的茗壶有“僧帽壶”“葵花壶”“白泥瓜棱壶”等，不仅工艺制作得极致，也充满了创造力，可以说是巅峰的艺术品了。

他还制作过一组叫“六合一家”的壶具，壶身分成四个部分，底盖各一，分开可以变成六个，合起来则成一壶，“水注其中，滴屑无漏”。

可惜，这把茶壶没有留传下来，但也可以想见时大彬创造力的高超。

明万历年间，人人以求得一把时大彬的茶壶为荣，甚至茶壶与金子比重，一把五六两重的小壶，要用等重的黄金才换得到。

周高起在《阳羡茗壶系》中说：“至名手所作，一壶重不数两，价重每一二十金，能使土与黄金争价。世日趋华，抑足感矣！”

周高起把制壶名家分为几等品评，时大彬被评为“大家”，是地位与境界最高的：“几案有一具，生人闲远之思。前后诸名家并不能及，前于陶人标大雅之遗，擅空群之目矣！”

时大彬的壶艺会如此高妙，有一个传说。传说他少年时代虽然制工精良，制品却从模仿“供春壶”和父亲的形式开始。后来，他云游四方，在娄东一带聆听了陈继儒对琅琊、大原文士品茗论茶的一席话，豁然开悟。回家之后开始做小壶，创意如泉涌，由壶匠一步步迈入了艺术之路。

时大彬是昆山人。他的壶艺名扬在外，昆山县令知道后，很欣赏他的壶，于是时常到时家索取。然而，时大彬制壶的产量不多，县令要不到几把，甚至常常要不到。

最后，这个县令恼羞成怒，干脆把时大彬抓起来，关在一间房子里，限令他要做满三百把茶壶才可以出来。时大彬因此拒绝做壶，含愤而死。冯梦龙在《古今谭概》中提到这件事，并感慨地说：“凡一技成名者，皆天下聪明人，乾坤灵气所钟。当路便当爱惜而保全之。若造此恶业，必永断慧根矣！”

想到千百年来最伟大的制壶名家，竟被一个不知名的小县令如此折磨而死，实在令人惋叹悲哀。

今天的人喜谈茶道，认为茶与禅是一味的，但装茶的壶也非常重要，就像禅不离生活一样。制壶的师傅也不只在外表上求功，而能做到“汤力茗香，俾得团结氤氲”，达到艺术的高峰，则三昧的体验是少不了的。

现今收藏茶壶的人更多，可惜逸雅神妙的壶反而少了。

现今的茗壶更贵，有价超百万的小壶，可惜真正思考壶之意义的人反而少了。

时大彬无疑是国宝级的艺术家，我看他的壶时感受甚深，心想：如果能用时大彬的葵花壶泡一壶茶喝喝看，就更好了。

不管多么了不起的茶壶，都是用来喝茶的呀！

第五辑

禅茶一味

茶禅一味

半岭薄云萦，中天月色清。

秋来多夜坐，煮茗待钟声。

——圆至禅师

赵州禅师有一则著名公案，就是每当有新到的僧人，他总是会问："你来过这里吗？"

僧人说："来过。"

他就会说："吃茶去！"

然后他问另一位新到的僧人："你来过这里吗？"

那人说："没来过。"

他也会说："吃茶去！"

寺院的院主看了大惑不解，就问道："为什么来过的您也说吃茶去，没来过的您也说吃茶去呢？"赵州于是叫院主的名字，院主答声。赵州就说："吃茶去！"

这则公案可以参的地方很多，例如道在寻常日用间，例如平等地对待，例如任运自在等。历来有许多人解过这则公案，我们今天换一个角度来看，看喝茶这件事在禅宗的修行里占了什么样的位置。

喝茶在以前佛教的丛林是很重要的事，特别是禅寺都设有茶头。茶头就是掌管喝茶的人，他的职司包括佛前献茶、众中供茶或客来飨茶等，凡是有关喝茶的事都是由他主掌。在大丛林里，茶头往往不止一位，而且在首座寮、维那寮、知客寮、侍者寮都设有茶头一职，称为“四寮茶头”。每位茶头下面还有几位杂役供使令，称为“茶头行者”。这样算起来，一座寺院里就有十几位专门以茶为职的人，人数不能说不庞大了。

丛林里还设有茶堂，有的只是方丈待客之地，称为“茶堂”，也有另设茶堂的。每天有固定时间喝茶，喝茶时要打茶鼓通知所有的僧众。有一些寺院门前还特设施茶僧，为游寺或朝山的人施茶。

《百丈清规》日用规范里曾说：“凡主持两序特为茶汤礼数勤重。不宜慢易。既受请已依时候赴。先看照牌明记位次。免致临时仓遑。”又说：“若有茶，就座不得垂衣，不得聚头笑语，不得只手揖人，不得包藏茶末。”可见喝茶规矩很多，是一件庄严、清净的事，也可说是修行的一部分、禅定的功课。特别是坐禅时，每坐完一炷香就要下座饮茶，以提神益思，利于开悟。早上起床时，禅僧要先饮茶再礼佛，饭后也是先饮茶再做佛事。因此，一般禅僧一天喝几十碗茶是很正常的。

唐朝以前，寺院里喝的是加料茶，就是茶和香料、果料同煮，称为“茶酥”。到唐代以后，禅茶大盛，遂成为单纯饮茶，不再加味了。

禅僧的善于做茶、善于饮茶、讲究茶礼，都对民间产生了巨大影响。

例如，中国许多名茶是寺院种植和制作出来的。像碧螺春茶，产于江苏洞庭山碧螺峰，原名为“水月茶”，是洞庭山水月院山僧首先制作的。乌龙茶的始祖福建武夷山的武夷岩茶，宋元以来以武夷寺僧制作的品质最佳。明代僧人制作的大方茶，则是安徽南部屯绿茶的前身。

例如，现代人所喜爱的紫砂陶壶，是明代江苏宜兴金沙寺的一位老僧创制的，后来成为宜兴壶的代表。

例如，被喝茶的人奉为“茶圣”“茶神”的陆羽，他出身于寺院，一生的行迹也没有脱离过寺院。他的经典作品《茶经》就是遍游各地名山古刹，亲自采茶、制茶、品茶，并广泛吸收僧人的饮茶经验，加以总结的成果。

唐代封演的《封氏闻见记》里说：“开元中，太山灵岩寺有降魔师，大兴禅教，学禅务于不寐，又不夕食，皆恃其饮茶。人自怀挟，到处煮饮。从此转相仿效，遂成风俗。”我们想想，那时的禅僧带茶壶到处煮饮的情景，是不是特别有一种亲切之感？

不只是喝茶，茶的比赛也是以前在寺院里就有了。宋代著名的浙江余杭径山寺，经常举行由僧人、施人、香客共同参加的小茶宴，品尝、鉴评各种茶叶的品质，称为“斗茶”。当时还发明了把嫩芽茶碾成粉末，用开水冲泡的“点茶法”。这种喝茶的方法后来传到朝鲜和日本，成为“抹茶”。日本人至今还喜爱这种方式，可惜在中国已经失传了。

读了许多禅寺与茶的相关记载，使我们知道茶与禅可以说是“茶禅一味”。因为茶也可以导引我们的心灵通向单纯、超越、无争、宁静、自由，使人能自然地通向禅道，那种纯朴无华、庄严和谐的风格对于禅定也大有助益。雪窦禅师有一首偈颂：

前箭犹轻后箭深，谁云黄叶是黄金。
曹溪波浪如相似，无限平人被陆沉。

这虽不是写茶的诗，但把“黄叶是黄金”拿来形容茶禅之味，却是非常恰当的。庸俗的以黄金为贵的人，可能把禅心茶道看成黄叶，一文不值；而对于清越高迈的人，一壶好茶比黄金还贵，更不用说茶里有觉悟与菩提之思了。

曹溪禅海的波浪今犹在，可惜的是我们继承了茶的雪沫乳花，却很少有人愿意从金黄的鎏金岁月中，看看那清湛盈满的心水罢了！

一味

茶味禅味，
一味万味，
味味一味，
喝时生其心，
饮后应无所住，
如是如是。

乌铁茶

有一位朋友，独自跑到木栅的茶区去经营茶园，并把这个茶园取名为“乌铁茶园”。

据说，他是接下了一个患病农民的茶园，原因是很想做出一些自己喜欢的茶，让自己喝了欢喜，朋友喝了也欢喜。

“你喜欢的茶是什么呢？”

“中国的两大名茶，一是乌龙，二是铁观音。乌龙清香，铁观音喉韵好，这两种茶是完全不同的。我在少年时代就常想，有没有可能使两味变成一味呢？就是融合乌龙和铁观音的优点，消除它们的缺点，所以把自己的茶园取名为‘乌铁茶园’。”

“使两味合成一味”可能只是朋友的理想，但他在试验的过程中，却创造了许多滋味甚美的茶。由于有一个渴盼创造的心灵，他理想的茶虽未出现，但对于人生、对于茶已经有了全新的体验。

他说：“当我心中有使乌龙与铁观音合一的愿望时，事实上那种茶已经完成了。虽然还没有做出来，但我相信总有一天会做出来的。”

我走在朋友种的井然有序的茶园，看到洁白的小茶花，不禁想起禅师所说的：“家舍即在途中。”当一个人往理想愿望迈进的时候，每一步历程其实都与目标无异，离开历程，目标也就不存在了。

问题是，历程的体验与目标的抵达虽是一味，但由于人自心的纷扰，它就变得百味杂陈了。

一味，不是生活里的柴米油盐，而是内心的会意。

一味，不是寻找一种优雅的生活，而是在散乱中自有坚持。在夏日，有凉爽的心；在冬天，有温暖的怀抱。

生命里的任何事都没有特别的意义，在平凡中找到真实的人，就会发现每一时每一刻都有尊贵的意义。

雀舌鹰爪

经营茶园的朋友，嫌现在的茶做得太粗，于是用手工采茶，用手工制茶，做出一种最好的茶，取名为“莲心茶”。

莲心茶只取茶最嫩的茶芽制成，一芽带两叶，卷曲有如莲子的心。

以茶芽制茶古已有之，《梦溪笔谈》说：“茶芽，古人谓之雀舌、麦颗，言其至嫩也。”《宣和北苑贡茶录》说：“凡茶芽数品，最上曰小芽，如雀舌鹰爪，以其劲直纤锐，故号芽茶；次曰中芽，乃一芽带一叶者，号一枪一旗；次曰紫芽，乃一芽带两叶者，号一枪两旗；共带三叶四叶者，皆渐老矣！”

莲心茶必须在春天气候晴和的早上去采，这时茶树吸收了昨夜的雾气，茶芽初发，一芽一芽地拈下来。

朋友说，现在的农夫觉得这样采茶芽太费工了，不符合成本效益，使得雀舌鹰爪徒留其名，早已成为传说了。

“但是，最好的总要有人去做，纵使被看成傻子也是值得的。”朋友说。

是的，最好的总是要有人做，我为朋友那种真挚求好的态度感动了。

他每年只做几斤莲心茶，只卖给善饮茶的人，每人限购二两，他说：“最好的茶只给会喝的人，不能太多，太多就不会珍惜了。”

法也是一样吧！这个世间有许许多多的法，法味都不错，但最好的总要有人去做，即使被看成傻子也是值得的。

体会茶的心

不过，做茶也不能一厢情愿，而要体会茶的心。

朋友有一种很好的茶，叫“月光茶”，是在春天的夜间，打着探照灯采的。他用探照灯在夜间采茶，曾被茶山的人看成是疯子。

他说：“有一天，天气很热，我自己泡一壶茶喝，觉得茶里面还带着暑气。心里想，如果在有露水的夜里采茶，茶在夜露的浸润下，茶树的心情一定很好，也就没有暑气了。”

想到就做，竟让他做出像月光茶这样的茶来，喝的时候仿佛看见月光下吐露着清凉的茶园，心胸为之一畅。想到冻顶乌龙之所以比一般的乌龙好，那是因为它终年生于云雾风霜的极冻之顶，好像能令人体会茶里的那颗冰雪的心。

我们与茶互相体会，与人间的因缘也要互相体会。佛教徒时常会觉得高人一等，自以为是众生的母亲，但是反过来想，我们已经在轮回中受生无数次，一切众生必都曾是我们的母亲。这些在前世中，无数无量曾呵护、照顾、体贴、关爱过我们的母亲啊，如今就在我的四周。

一切众生为了生活，得忙碌地工作；一切众生为了呵护子女，要积累财富……以致他们没有时间全力修持佛法，但不能修持佛法的母亲还是我们最亲爱的母亲哪！我愿她们都拥有最美好的事物，也愿她们一生幸福。

如是思考，心遂有了月光的温柔与清凉。

不可轻轻估量

朋友来看我，知道我喜欢喝茶，都会带茶来送我，因此我就喝到了许多未曾想过的茶。像桂花茶、紫罗兰茶、菩提叶茶都还是普通的，有人送我决明子茶、芭乐叶心茶、荔枝红、柚子茶等各种奇怪的加味茶。

今天，一位朋友带来一罐人参乌龙茶，听说是乌龙茶王加美国人参制成的，非常昂贵。

我说：“如果是很好的乌龙，就不会做成人参乌龙茶；如果是最好的人参，也不必做成人参乌龙茶。所以，所谓人参乌龙茶，应该都是次级的人参与次等的乌龙制造的。”

朋友听了哈哈大笑。

我说，这是实情，因为最好的茶不必加味，凡是加味，都不是用最好的茶做的。

朋友是来告诉我，某地又出现一位新禅师，某地又出现一位新教主，某地又有一位宣称证得大圆满境界，由是以神通经验来号召，信徒趋之若鹜。

他问我：“你看这是真的还是假的？”

我说：“你管他是真是假，我们只要照管自己的心就好了。”

他又问：“为什么台湾近年来每年都会出现这样的人呢？”

我说：“你觉得呢？”

“我觉得是社会竞争太厉害了，有一些人循正常的道路奋斗，不可能成功，成功最快的方法是自称教主、祖师，证得某种境界。因为这既有名有利，也不需要时间，不需要本钱，只要会演戏就好了。而且群众也无法去做检验，就像我要和别人做生意，总会先调查他的信用，过去的经验有迹可循，可是这社会上自称成就的人往往是无迹可循的。你认为我的看法怎样？”

“很好！”我说，“我还是觉得最好的茶是不用加味的，最好的法也是一味。对待加了许多味的法，与对待加了许多味的茶一样，要谨慎，不可轻轻估量！”

然后，我们泡了一壶人参乌龙茶喝，不出所料，既不是最好的茶叶，也不是最好的人参。

风格的芬芳

在南部六龟的深山里，有一种野生茶，近年已成为茶界乐道的茶。

野生茶听说已生长百余年的时间，是“日据时代”或是清朝种在深山里而被人遗忘的茶树，由于多年未采摘，长到有一层楼高。

野生茶的神奇就在于，每一株的茶味道都不一样，有独特的风格。例如，一株有蜂蜜的味道，一株有牛乳的味道，一株有莲花香，这不是加味，是自然在茶叶中长成的。

因此，采野生茶的人要带许多小袋子，一株树采的装一袋。烘焙时也要每一株分开，手工精制。这样费时费力做出来的茶，自然是价昂难求，有钱也买不到。

我在朋友家品尝野生茶，果然，每一株都很不一样。我最喜欢带有莲花香的那一株，喝的时候一直在寻思，为什么茶叶会自然长出莲花的香味呢？为什么每一株茶的味道会各自不同呢？

我想到，一株茶树在天地间成长壮大，在时空中屹立久了，自然会形成一种独特的风格。这风格不会妨碍它做一株平常的茶树，却会使它有与其他茶树完全不同的芬芳。人也是如此，处于法味久了，自然形成风格，这风格不会使他异于常人，而是在人间散发不同的芳香。

寒天饮茶觉味永

与懂茶的人喝茶，有时候也挺累人。因为到后来，只是在谈对于茶的心得，很少真的用心喝茶，用的都是舌头。

有一天，一位素来被认为会喝茶的朋友来访，我边泡茶边说：“今天我们可不可以完全不谈茶的心得，只喝茶？”

朋友呆住了，说：“我光喝茶，不谈茶，会很难过的。”

我说：“我们过于讲究茶道而喝茶，会忘记喝茶最根本的意义。喝茶第一是解渴，第二是兴趣，第三是有好心情，第四是有好朋友来，对茶的研究反而是最末节的了。”

然后，我们坐下来，喝茶！

那时候觉得赵州的“吃茶去”讲得真好。

“雪夜观灯知风在，寒天饮茶知味永。”除了专心喝茶，我们并不做什么。喝了几盏茶之后，朋友说：“今天真好，我现在知道茶不是用舌头喝的了。”

我想到，一位学生问法眼文益禅师：“师父，什么是人生之道？”

他说：“第一是叫你去行，第二也是叫你去行。”

是的，什么是饮茶之道？第一是叫你去喝，第二也是叫你去喝。

什么是佛法之道？第一是叫你去实践，第二也是叫你去实践。

“有第三吗？”朋友说。

“有的，第三是叫你行过了放下！”

这金黄色的茶汤呀！这人生之河的苦汁呀！这中边皆甜的法味呀！

一味万味，味味一味。

喝时生其心，喝完时应无所住，如是如是。

不可一日无茶

到外地旅行，我习惯带一罐茶叶，因为只要几天不喝茶就觉得浑身不对劲，很容易感冒、疲累或下痢。

一旦每天都有茶喝，不只百病不侵，而且精神飒爽。因此，对于茶叶助益身心的说法我是深信不疑的。

旅行的时候不能静定下来喝茶，只能因地制宜，以热开水泡大杯茶，但觉有茶就好。如果是在家，从早到晚，日饮百杯，对我也是常事。茶对我不只是水，是饮料，也是日常保健的药。

茶在中国，最早不是饮用，而是药用。最早关于茶的神效之传说，是神农氏爱民如子，为了救治百姓的病，亲自采药，遍尝百草。

有一次，神农氏尝了一种青绿色的滚山珠而中毒，昏死在树下，树的汁液滴入他的口中，他因而得救。那株树就是茶树，神农氏从此发现茶有解百毒的神效，采药时常随身携带茶叶，每次中毒都靠茶来解毒。

最严重时，神农氏曾一天中毒七十二次，全依茶渡过险关。

还有另一个传说。

神农有一天在野外以釜锅煮水，一片叶子落入水中，芳香四溢，神农喝了之后，发现了茶的神效。最后，神农尝到一种剧毒的植物叫“断肠草”，连茶也不能解，就丧命了。

神农与茶的传说记载在《神农本草经》里。这本书作于秦汉年间，因此至少在战国时代我们的老祖先就知道喝茶，以茶作药了。

茶，起先是用于药，后来慢慢从医疗的功效转到精神的层面。

东晋时代，以“闻鸡起舞”留名青史的志士刘琨，在给侄儿的信中说：“前得安州干姜一斤、桂一斤、黄芩一斤，皆所须也。吾体中溃闷，常仰真茶，汝可置之。”

刘琨每次有郁闷之气，都仰赖茶的效用。我们或可以想见，他在天色微明之际，舞剑之前，先饮“真茶”一杯的情景。

茶由于可以治体中的溃闷，才逐渐与禅的修行结合。因为与修行结合，饮茶才提升了艺术与生活的境界。

关于茶与禅的结合也有一个传说。

达摩祖师东来中国，在少林寺面壁，誓言无眠禅定九年，以警醒世人。但到第三年就常打瞌睡，羞愤的达摩遂把眼皮撕下来丢在地上，结果地上长出一株树，双叶并生，有如眼皮，弟子们采了叶子泡水来饮用，发现能益神醒脑，就开始了禅寺饮茶之风。

传说当然是无稽之谈，达摩祖师何许人也！然而，唐朝的禅寺饮茶之风大盛，则是真的。莫说赵州禅师“吃茶去”的公案流传千古，降魔大师教禅时也要弟子喝茶省睡。百丈禅师设立《百丈清规》时甚至设茶座、茶头，有的大寺院光是泡茶的茶座就有十几个。

紫砂壶则是禅僧云水行脚时，为了便利随身携带而发明的。历代寺院附近都是名茶产地，每年春天在寺里“斗茶”，由此提升了茶的品质……这都说明了茶与禅有不可分的关系，但这是后话。我们再回到茶的功效上来吧！

汉代《神农本草经》："茶味苦，饮之使人益思、少睡、轻身、明目。"

汉代《神农食经》："茶茗久服，令人有力、悦志。"

东汉神医华佗的《食论》："苦茶久食，益意思。"

梁代陶弘景《杂录》："苦茶轻身换骨。"

唐代《唐本草》："茗味甘苦，微寒，无毒，主瘘疮、利小便、去痰热渴。"

唐代陈藏器《本草拾遗》："久食令人瘦，去人脂。"

唐代陆羽《茶经》："茶之为用，味至寒，为饮最宜精行俭德之人。若热渴、凝闷、脑疼、目涩、四支烦、百节不舒，聊四五啜，与醍醐甘露抗衡也。"

从这些文献里，我们就知道唐朝以前的人就认识到茶的功效不少，不仅可以使人省睡、明目、有力气、精神愉快，还可以减肥，增加思想的敏锐，甚至不输于"醍醐甘露"。唐代刘贞德把这些好处总合起来，称茶有十德：

以茶散郁气。以茶驱睡气。

以茶养生气。以茶除病气。

以茶利礼仁。以茶表敬意。

以茶尝滋味。以茶养身体。

以茶可行道。以茶可养志。

宋代以后，对茶的研究也更深入了。我们举一些典籍来看：

宋代苏轼《茶说》："浓茶漱口，既去烦腻，而脾胃不知，且苦能坚齿，消蠹。"

宋代吴淑《茶赋》："夫其涤烦疗渴，换骨轻身，茶荈之利，其功若神。”

明代顾元庆《茶谱》：“人饮真茶，能止渴消食，除痰少睡，利水道，明目，益思，除烦去腻，人固不可一日无茶。”

明代李时珍《本草纲目》：“茶苦而寒，阴中之阴，沉也，降也，最能降火。火为百病，火降则上清矣！然火有五，火有虚实。若少壮胃健之人，心肺脾胃之火多盛，故与茶相宜。温饮，则火因寒气而下降。热饮，则茶借火气而升散。又兼解酒食之毒，使人神思爽，不昏不睡，此茶之功也。”

李时珍到底是一代大师，在他的《本草纲目》里首次提到茶的缺点，他说：“虚寒及血弱之人，饮之既久，则脾胃恶寒，元气暗损。”

清代黄宫绣在《本草求真》中更进一步说到为什么虚寒血弱的人不能喝茶，他说：“茶禀天地至清之气，得春露以培，生意克足，织芥滓秽不受，味甘气寒，故能入肺清痰利水，入心清热解毒，是以垢腻能涤，炙爆能解，凡一切食积不化，头目不清，痰涎不消，二便不利，消渴不止及一切便血、吐血、衄血、血痢、火伤目疾等症，服之皆能有效，但热服则宜，冷服聚痰，多服少睡，久服瘦人。至于空心饮茶，既直入肾削火，复于脾胃生寒，万不宜服。”

这也是首先提出了“空腹不宜饮茶”的见解，以免伤害肾脏和肠胃。

除了虚寒、血弱、空腹不能喝茶之外，茶是有百利的。在《旧唐书》宣宗本纪里有一则记载：

东都进有一寺僧，年一百三十岁，依然身体健康，精力旺盛。唐宣宗知道后，觉得很奇怪，传他进宫去问：“你如此长寿健康，是不是吃了什么仙丹妙药？”老僧答道：“臣少也贱，素不知药性，唯嗜茶，凡属至处，唯茶是求，或饮百碗不厌。”

一天喝一百碗茶，活到一百三十岁，这使我想起苏东坡的两句诗：

“何烦魏帝一丸药，且尽卢仝七碗茶。”

由于饮茶的这种神效，日本“茶祖”荣西禅师到中国求禅法时，一边研究佛法，一边研究喝茶。回日本时，在行囊里带了大量的佛经和茶树的种子。

荣西禅师返回日本后，把茶籽种在肥前（今佐贺县）的背振山，同时把茶籽送给拇尾（今宇治县）高山寺的明惠上人。现在，佐贺的嬉野茶和宇治的玉露茶都是日本名茶，可以说是历史悠久。

荣西禅师对日本茶道的贡献除了带回茶籽，还写了一册《吃茶养生记》，可以说是日本茶的理论先驱。他一开头就说：

茶也，养生之仙药也，延龄之妙术也。山谷生之，其地神灵，人伦采之，其人长命也。

荣西禅师把茶说得更神奇了，说是只要能长出茶的山谷，那个地方一定有神灵守护；而能采茶吃的人，一定能长命。他不只这样相信，还这样实践，当时曾亲自用茶叶治好大将军源实朝久治不愈的糖尿病。

荣西禅师说：“贵哉茶乎！上通诸天境界，下资人伦矣！诸药各为一病之药，茶为万病之药。”

自此，喝茶风气在日本也为之大盛，但这时日本茶道只在寺院流行，有药用倾向。一直到四百年后，千利休提出“和敬清寂”，茶道才算大备。

日本名僧明惠上人也倡导茶有十德之说。我们可以和前述刘贞德的十德互相参看：

一、诸天加护。

二、父母孝养。

三、恶魔降伏。

四、睡眠自除。

五、五脏调利。

六、无病息灾。

七、朋友和合。

八、正心修身。

九、烦恼消灭。

十、临终不乱。

明惠上人的十德虽然宗教性强，却不免偏于形上，许多是“想当然耳”。

到了近代，茶的研究更科学，功效也更明确清晰。除了古人所知的功效，还有防治坏血病、抗癌的功能，还能治疗糖尿病、胃肠炎、黄疸型肝炎、皮肤病、高血压、动脉硬化等，甚至还可以防治辐射的伤害。

饮茶的功效如此，不喝茶的人损失可大了。

但是，喝茶的人如果老是想到功效，那境界就低了，茶给我们身心的利益可以说是“犹其余事”。正如铃木大拙说的：“茶与禅之所以相通，全在一个‘纯’字。”纯的心喝纯的茶，是最好的。

黄庭坚曾在一只茶碾上写过《茶磨铭》，这也是我时常写在茶罐上的句子：

楚云散尽，燕山雪飞。

江湖归梦，从此祛机。

每次带着写了这句子的茶罐旅行，不管身处何方，或在异邦的旅店，或在山野的客栈，都感觉到人生只是客居，江湖难以归梦，人生不能祛机，只要能“诗思禅心共竹闲，任他流水向人间”。不看燕山，燕山也会雪飞；不管楚云，楚云自然散尽！

无不是茶

朋友介绍我们到一家专卖外国茶的茶店喝茶，当茶单拿来时，我们都傻了：上面除了英文、法文、西班牙文，还有意大利文和德文，就是没有中文。

在每一种茶的旁边，有植物的图片，但草本植物的长相原本就很接近，我们看了半天，犹不能辨认，只好把服务员叫来。

“这是什么茶呢？”我指着一个名字和一张图片。

“不知道。”服务员笑着说。

“那这又是什么茶呢？”我指着另一张图片。

“不知道。”她依然笑着说。

“你都不知道，叫我们怎么点呢？”

“你就点那看起来顺眼的吧！我们这里的茶有五十几种，我怎么会都知道呢？”

我随便点了一杯玫瑰茶。把茶单拿来一看，果然有五十几种，我认识的就有伯爵、苹果、柠檬、薄荷、覆盆子等二十几种，都算是加味茶。至于那些强调自然的草茶，有很多见都没见过。喝玫瑰茶的时候我就想着：到底什么是茶呢？这世界关于茶的定义是什么？是一定要由茶树采下的才叫茶？或者是只要能泡出滋味的叶子都叫茶呢？如果是茶树采下的才是茶，我想到的也有很多种：乌龙、武夷、包种、铁观音、龙井、碧螺春、毛尖、银针、普洱茶、祁门红茶、六安瓜片等。

如果是可以泡出滋味的叶子或花朵都可以叫茶，那就更多了，大部分的花朵只要无毒就可以做茶：菊花、玫瑰、桂花、茉莉、蔷薇等。

关于叶子，我曾读过一本介绍药草茶的书，光是可做茶的草药就有一百三十七种，我喝过的菩提叶、芭乐叶心茶、艾叶茶、紫苏叶茶等，有许多是独沽一味，滋味也不输给茶。

当我们把茶的定义放宽时，可以说是无所不茶，无不是茶，没有一个特别的东西叫作“茶”了。

好的茶固然重要，喝茶的心情、环境和朋友似乎比茶还重要。因此，我们思考茶的要素，茶叶当然不是唯一的。假若把茶叶当唯一的要素，置心情、环境、朋友于度外，就不能算是会喝茶的人了。

在喝茶这件事情上，有许多比茶叶更重要的事。在“茶、泡茶、泡好茶”与“坐、请坐、请上坐”之间，一杯茶的心也完全不同了。

近些年来，禅风盛行，禅被拿来与茶结合，甚至也成为茶的要素之一。于是，我们在茶艺馆里经常看到墙上挂着写有“禅”“佛”“茶禅一味”“随缘”等字句的条幅，甚至茶壶、茶杯上也都写着“禅”字。

这使我想起读小学的时候，当时还是“口号时代”，教室墙上都写满了教训孩子的字句。慢慢地我才悟出来：越是没有“礼义廉耻”的地方，墙上就会写“礼义廉耻”；越是“忠孝仁爱信义和平”失落的时代，越是写着这八个大字；越是年纪大的人，越喜欢人家高喊某某某“万岁”“福如东海，寿比南山”。这道理极容易明白，街头写着“此处禁止停车”，必是随意停车严重之区；巷尾写着“倒垃圾者是狗”，则一定是垃圾泛滥之地。

以此类推，到处写着“禅”的地方不一定有禅；用写着“禅”字的茶杯喝茶，不仅难以体会禅之妙义，反而显得俗气了。

禅自然是有的，但不是写在墙上，画在茶杯上。它和茶相同，也可以说是无所不禅，无不是禅，却也没有什么特别的东西叫作“禅”呀！

茶在空有之间，禅也在空有之间，因而要使茶禅一味，十分艰难。是不是要先去学泡茶，或者先去学坐禅，才能找到其中相通的要素呢？

然而可能也很简单的。假如一个人在喝茶时有一种单纯的心，活在当下，无我无相，心智空明无碍，解脱了欲望与俗情的束缚，在茶里，就有了禅心。

一个焦渴赶路的人，一个流汗劳动的人，一个整天劳累的人，一个为生活而艰辛奔波的人，或甚至一个为求解脱之道终日宴坐竭思的人，在旅店、客栈、驿站停驻片刻，喝到一杯清茶，就在那杯清茶溶入充满、心思无住的那短暂一刻，是不是能体验到茶禅一味呢？

若没有预设的立场，没有分别的心，茶禅本来就是一味呀！

若不要在“茶里找缠”，不在“禅里找碴”，只是平常的生活，有单纯的心就很好了。

因为茶不在禅里，禅也不在茶中，茶或禅以及生活的一切恼害都化成一缕轻烟，飞向空无的所在，那就是茶禅一味了。仰山慧寂禅师曾写过一首偈：

滔滔不持戒，兀兀不坐禅。
酽茶三两碗，意在镢头边。

意思是说，持戒与坐禅并不是一种特别的情境，胸怀开阔有如滔滔江海的人不必刻意地持戒，一个内心平静、智慧无波的人也不必有坐禅的形式。每天过着寻常日子，喝三两碗粗茶，一切的禅意就在里面了。

现在，茶的品质提升了，使我们对茶有许多讲究，甚至使许多人陷进茶的迷障，“到处找碴”，甚至非好茶不喝。但我时常想到，在三十几年前的乡下，我们用大壶煮的粗茶，其价格低廉，其味苦涩，在炎热的夏日午后，从田间操持辛苦的农作返家，灌一大碗茶，那种幸福甘美的滋味。

现在，禅风兴盛了，许多人到处访求名师，急切于即刻开悟，仿佛真有一颗明珠叫“禅”一样。但是，“禅”何尝是什么特别的东西呢？只是生活的焦渴止息了，生命的骚乱不安被埋平了呀！

止息的那一刻便是即刻，平安的没有欲望的心就是开悟。

茶禅一味，茶禅都不是特别的东西。因此，茶的真滋味，禅的真境界，唯有平常心乃能知之。

无事最可贵

朋友来喝茶聊天，问我说："你觉得什么样的生活最好？"

我说："无事最可贵。"

朋友不明其意，说："既然无事最可贵，又何必忙着写文章、读书、演讲呢？"

这倒使我沉吟了。无事并不是不做事、不生活，而是做事与生活都没有牵挂，也没有措手不及的事情发生。

我把茶倒满，闻到今年春茶的香气，深呼吸，让茶香清洗我的胸腔，我说："能这样无事喝一杯茶，真是人生里幸福的事呀！"

朋友终于懂了，微笑着喝茶，那专注的神情，使我感到无事的欢喜。

唯有活在当下的人才可以无事，每一刻都尽情地、充满地、没有忧虑地去生活，活活泼泼、欢欢喜喜、全心全意。

一刻无事一刻清，一日无事一日好。

可叹的是，我们总是花时间去找事来烦。一清早，找份报纸来烦；上了班，在人事里烦；晚上，找台电视来烦；躺在床上思前想后，思念十年前的情人，猜测明年公司的方针……

饭吃得没有滋味，是没有全心地吃饭；工作做得没有力气，是没有欢喜地工作；睡眠不能安枕，是没有无心地睡眠。

吃饭无事，工作无事，睡眠无事。

真的，无事最可贵。

我刚学说话时，唱过一首台湾童谣。

“食饭也未？食饱也未？食饱紧去做工作。做工作也未？做好也未？做好紧去困棉被。困好也未？困饱也未？困饱紧去食碗粿。”

我唱这童谣给朋友听，唱歌配茶，觉得茶的味道真好。

吃饭是重要的，但吃饱饭就应该去工作，工作做好就去睡觉。我喜欢这首童谣那种无心的态度，所以无事人并不是闲杂的人，反而是专心的无杂之人。

在禅宗里，“无”像圣旨一样，《禅宗无门关》里的第一则，就开宗明义讲“无”：

有一个和尚问赵州从谂禅师：“狗子还有佛性也无？”

赵州说：“无！”

无门慧开禅师的注解是：“参禅须透祖师关，妙悟要穷心路绝。祖关不透，心路不绝，尽是依草附木精灵，且道：如何是祖师关？只这一个‘无’字，乃宗门一关也……将三百六十骨节、八万四千毫窍，通身起个疑团，参个‘无’字，昼夜提撕，莫作虚无会，莫作有无会。”

无门禅师的意思是，“无”这个字是禅宗最重要的一个字，应该以全身的力量（包括每一个骨节、毛孔）日夜不停地去参，却千万不要把“无”当成是“虚无”的无或“有无”的无。

无，是执着地破除与思虑的止息，而不是闲散的人。

无，是无心，是离开妄念的真心，是远离了分别、执着的自由境界。“若不起妄心，则能顺觉，所以云，无心是道。”

无，是无住，是不住留、执着一固定的实体，诸法念念不住，即得解脱。“无所住故，则非有无，非有无而为有无之本。”

无，是无我，是一切万法因缘生，因缘灭，没有一个固定的主体，破除我执，则得自在。

无，是无念，是虽修万行，觉诸相空，心自无念，念起即觉，觉之即无。“一念不起，即十八界空，即身便是菩提华果，即心便是灵智。”

“无”这个字是那么高超，那么伟大，几乎是凡夫所不能企及的。我们或者难以进入那么高的境界，但在生活中体会无事的可贵也不是那么难的。

我端起一杯茶对朋友说：“现在，让我们全心地来品味这杯茶，过去的烦忧已经过去了，未来的烦恼尚未发生，仅此一念，又有什么事呢？”

无门慧开曾写过一首名诗：

《颂平常心是道》

春有百花秋有月，夏有凉风冬有雪。
若无闲事挂心头，便是人间好时节。

这应该作为所有无事人的座右铭。

其实每天的生活就像一杯茶，大部分人的茶叶和茶具都很相近，然而善泡者能泡出更清香的滋味，善饮者能饮到更细腻的消息。

依照我的经验，只有在无事时泡的茶最甘美，也唯有无事时喝的茶最有味。可惜的是，大部分人泡茶时是那么焦渴，在生命里也一样的焦渴呀！

沩山灵祐禅师曾把悟道的人称为“无事人”，就是这个道理，他说：

夫道人之心，质直无伪，无背，无面，无诈妄心。一切时中，视听寻常，更无委曲，亦不闭眼塞耳。但情不附物，即得……譬如秋水澄渟，清净无为，澹泞无碍，唤他作道人，亦名无事人。

无事的人去除了生命的焦渴，就会像秋天的潭水那样澄明幽静，清澈无染，明白没有挂碍。

“无事不是小言哉！”无事是伟大的事。

所谓乌龙，即非乌龙

日本茶道里有一个很有趣的观点，就是喝茶到了最高的境界“不是茶”。

“不是茶！”

这一句话是宜于深思的，也可以说，茶道里最重要的不是茶的本身，那又是什么呢？可能喝茶的心、喝茶的气氛比茶更重要吧！

“不是茶”令我想到“佛”这个字，是一个人加上一个“弗”，“弗”是“不”的意思，“佛”若从字面上译，可以说“不是人”。

为什么说佛不是人呢？因为佛是觉者，革除了一切人的贪心、嗔恨、愚痴、傲慢、怀疑，心里一片光明无碍，因此佛是“弗人”。

四祖道信曾说：“但任心自在，莫作观行，亦莫澄心，莫起贪嗔，莫怀愁虑，荡荡无碍，任意纵横，不作诸善，不作诸恶。行住坐卧，触目遇缘，总是佛之妙用，快乐无忧，是名为佛。”佛所以不是人，是人总有忧虑，而佛快乐无忧。

提倡“不是茶”的日本茶道大师千利休，曾有人问他茶道是不是有神秘之处。他说：“先把水烧开，再加进茶叶，然后用适当的方式喝茶，这就是你需要知道的一切。除此之外，茶一无所有。”

这段话使想在喝茶里寻找玄秘境界的人截断了思虑。

回到茶的本质，回到生活的本味，在中国禅宗里也有类似的故事：

龙潭崇信禅师去天皇道悟座下求禅法，服侍师父很多年了，都没有得到师父的教示。

有一天，他忍不住了，问师父：“我到师父身边好几年了，师父从来没有为我指示心要。”

天皇道悟说：“你端茶来的时候，我就喝；你拿饭来的时候，我就吃；你礼拜的时候，我就低头回礼。哪一个地方不是在指示心要呢？”

崇信低头想了半天，道悟说：“你若有体会当下便知，一有思虑便错了。”

崇信即刻开悟了，问师父说：“我要如何来保任呢？”

道悟说：“任性逍遥，随缘放旷，但尽凡心，别无胜解。”

好一个“但尽凡心”！凡心里就有无尽藏了。对能直下承担的人，凡心，即是道心，也是禅心、佛心。

吃饭、喝茶、礼拜都是在指示心要，也可以说无不是心要，但要有悟，也要在寻常间用心。

有一次，玄沙师备禅师和一位弟子韦监军一起吃果子。韦监军问道：“师父，如何是日用而不知？”

禅师拿一颗果子，说：“吃！”

韦监军吃了，又问：“如何是日用而不知？”

禅师说：“这就是日用而不知呀！”

我们在喝茶、吃饭、礼拜时，不也常常日用而不知、生活而无觉吗？

沩山灵祐禅师和弟子仰山祖钦春天时一起摘茶。

沩山一边摘茶，一边对仰山说：“这几天终日摘茶，只听见你的声音，没看见你的样子。”

可见，当时禅师采茶的茶树比人还高，仰山为了让师父看见，就用力摇动茶树。

沩山说：“你只得其用，不得其体。”

仰山说：“那么要怎样做，才可以让你知道我的位置呢？”

沩山一时答不出来。

仰山说：“师父呀！你只得其体，不得其用。”

沩山：“你再胡说，我打你三十棒！”

仰山：“师父的棒子，我只好吃了，可是我的棒子给谁吃呢？”

沩山：“我再打你三十棒！”

体是本质、本体，用是形式、方法。外表上，参禅僧与吃饭僧看起来都是一样的，但本质却不同：吃饭僧不一定要参禅，参禅僧却非吃饭不可。

“不是茶”的境界非站在茶的基础上不可。

“不是人”的佛也非由人来出发不可。

佛是体人是用，还是人是体佛是用呢？有时分不清。

喝茶的人，能“是茶”，那很好，把一切烦忧苦痛都留在茶堂外。我们能“不是茶”也很好，让茶成为生命的灵鸟，飞出窗口，到天青海蓝之地。

体用原是一如的。

就以我们最常喝的乌龙茶来说吧！传说乌龙茶的起源有几种，一说是因一株吐露芬芳的茶树，树根处常盘踞一条黑蛇，福建人遂将其称为“乌龙茶”。

还有一说是，明末清初，尧阳南岩住了一位退役军人，名叫“龙”，他的皮肤很黑，人们称他为“乌龙”。乌龙经常上山打猎，每次都会采些茶叶带回来，由于这茶太好喝了，人们去找他采茶的茶树，这种茶就叫“乌龙茶”。

还有一说是，乌龙是地名，江西庐山有乌龙潭，浙江建德有乌龙山，这两地都产茶，其茶就称为“乌龙茶”。

我们如果知道乌龙茶的一些传说，乌龙茶还是一样好喝；如果不知道，它也一样好喝。乌龙茶不管叫什么名字，它的体都不会改变，都是那么香醇。

这使我想起破执着相的《金刚经》，我们可以这样说：“所谓乌龙，即非乌龙，是名乌龙，若菩萨通达无我法者，如来说名真是菩萨。”

黄叶中的风骨

有一个新来参访赵州禅师的弟子，初见赵州，赵州就说："你来过这里吗？"

弟子说："未曾来过。"

赵州慈爱地说："吃茶去吧！"

不久，又有一个弟子来参拜，赵州问："你来过这里吗？"

弟子说："以前来过。"

赵州依然慈爱地说："那么，吃茶去吧！"

站在一旁的弟子感到十分疑惑，问赵州说："为什么新来的和来过的，你都叫他们吃茶去呢？"

赵州叫那位弟子的名字，弟子应诺。

赵州说："你也吃茶去吧！"

我每次想到赵州从谂禅师的这则公案，心里就充满了感动与感恩。

我感动的是赵州的平等和慈爱，所有的弟子在他眼中都是平等的，他的慈爱则表现在，体贴到风尘仆仆赶来的徒弟一定口渴了。

我感恩的是，赵州告诉我们禅心不离生活，即使吃茶这样的小事也是至关重要的。赵州也可以说："拜佛去！""念经去！""打坐去！"但是他没有这样，因为一个人如果不能解决生活中的焦渴，也不可能在蒲团上解决烦恼的束缚呀！

赵州不只教人吃茶。

有一次，一位弟子严肃地来请教他："我感到非常迷昧，请师父给我一点儿指示吧！"

赵州问他："你吃过粥了吗？"

"吃过了。"

"那么去洗钵吧！"

那个弟子听了就开悟了。

吃茶的重要、吃粥的重要、洗钵的重要往往被许多修行的人忘记了。

反过来说，一个人如果不能品味一杯茶的滋味，不能体会生活的情味，又怎能品味和体会那更深奥的禅的滋味呢？赵州就是在听到他的老师南泉普愿说的一句"平常心是道"而开悟的。

"平常心是道"，这句话多么平淡，又是多么非凡；是多么美丽，又是多么真实；是多么细致，又是多么广大！

如果一个人不能打破生活与道的界限，道就会成为佛堂和寺院中的事。在一天中，"有道"的时间就很短促了。

当一个人从道走向生活，或由生活迈入道，使生活与道相融而不相违，就能日日是好日，步步生莲花了。

赵州每看到弟子前来，就叫他们去喝茶，可见当时茶饮已经是禅门中非常普遍的事。一个禅僧不懂饮茶的三昧，是不可思议的。我们或者可以说：一个人如果在生活中没有三昧之味，在禅修中也就难以契入三昧了。

一片茶叶虽然如微末般无足轻重，但对赵州来说，是把茶作为生活即是最深之意来象征的。在黄叶一样的茶中，我们似乎看见了一位宗师的婆心，看见了生活，也看见了生命的滋味，看见了禅者的心，也看见了禅者的风骨。

释智愚禅师有一首诗说：

轻如毫末重如山，地角天涯去复还。

黄叶殒时风骨露，水边依旧石斓斑。

这虽然不是一首写茶的诗，但用来形容茶、生活、智慧的关系却很贴切。一片茶叶轻如毫末，如果能在其中体知禅心，它就重如泰山了。

一个有智慧的人，不管在天涯海角，都不会散失；泡了茶的茶叶虽然陨落了，却因消融于水，而显现了无我的本质。这就是大地的美呀！树叶落尽了，枝干越显风骨卓然，在水边的石头，越能看见其斑斓与繁华呀！

“你今天喝过茶了吗？”

“还没有。”

“去喝茶吧！”

“你今天喝过茶了吗？”

“喝过了。”

“再去品味一些吧！”

喝茶水的茶可能有尽，喝生命的茶、智慧的茶、禅定的茶却可以无穷。

作为茶，绝不只是为了解渴，一定有甚深之意——要解渴，喝水不就好了吗？在嘴湿的时候，红尘飞于大海之中，波涛在平地汹涌，是否有知味的人？

不可小看老婆子

在禅宗语录里，出现过几个“婆子”，都是很厉害的。

德山宣鉴禅师年轻的时候，就自然贯通经典，时常上台讲《金刚经》。由于讲得精彩，大家都称他“周金刚”，因为他俗家姓周。

后来，他听说龙潭有个崇信禅师，是个得道的人，就把自己历年来研究《金刚经》的著作放在篮子里，想到龙潭找崇信禅师印证印证。

于是，他走到龙潭山下，在茶棚里歇脚，叫一壶茶，想点一些点心来吃吃。

“老太婆，来一些点心。”德山说。

老太婆说：“《金刚经》里说‘现在心不可得，过去心不可得，未来心不可得’，不知道您要点哪一个心？”

这一问，使德山羞红了脸，心想：龙潭山下的老太婆都这么厉害，山上的禅师还用说吗？

果然，他后来在龙潭崇信禅师的指导下开悟，一把火将自己所写的《金刚经注释》烧个精光。

这个老太婆厉害！另外有一个老太婆也不简单，那就是著名的“婆子烧庵”公案里的那个婆子。

话说有个老太婆供养一个和尚二十年之久，她建造了一间庵堂给和尚修行，并派人每天给和尚送饭。

二十年过去了，她很想知道那和尚修行的境界。于是，她找一位年轻美丽的少女去送饭，趁送饭时坐在和尚的腿上，并热诚地拥抱和尚。

少女依计而行，但和尚毫不为所动，只说一句：“枯木倚寒岩，三冬无暖气。”

少女回来把和尚的话转达给老婆子，老婆子大为光火，说：“二十年，只养了一个俗汉！”

立即跑上山去，把和尚赶走，并放火把庵堂烧了。

这是则寓言式的公案，是在告诉后来的人：禅是热腾腾的，不是冷冰冰的；禅是活泼泼的，不是死沉沉的。

在公案里，老太婆的功夫似乎比禅师高。

日本禅宗里也有一位厉害的老太婆。白隐禅师时常对弟子们说起一位经营茶店的老太婆，白隐认为那个离寺院不远的老太婆对禅学有独到的了悟，是个开悟的人。

弟子们无法相信卖茶的老妇是悟道者，便亲自去茶店探个究竟。

非常有趣的是，每当老太婆看见走进茶店的人，可以立刻看出他们来的目的——是真的来喝茶呢，还是看看她是否悟道！

如果是真的来喝茶的人，她会殷勤地接待他们；如果是来看她有没有悟道的，她会招呼他们去屏风后面，在屏风后面和他们“谈禅论道”。

当客人走向屏风的时候，她就用火叉击打他们，十分之九的人都逃不过她的击打。

这也是一则有趣的公案，学禅的人常常想勘验别人悟道的状况，但如果自己尚未悟道，如何去勘验别人呢?

是老太婆真的开悟呢，还是习禅的人因语默动静皆以禅观之，而被看成是开悟的样子呢？这一点后人就难以分析了。

在赵州禅师的语录里，也录过三则老太婆的公案。

第一则公案是，一位老太婆请人送钱给赵州，请赵州转藏经，赵州收了钱，下禅床转一圈，说："你回去转告老太婆，藏经已经转好了。"

那人把赵州的话传给老太婆，老太婆说："这赵州，我请他转全藏，他怎么只转了半藏呢？"

第二则公案是，赵州在路上遇到一位老太婆，赵州问道："老婆婆，去什么地方？"

"我去偷赵州的笋。"老太婆说。

赵州问："万一遇到赵州怎么办？"

老太婆当即给赵州一巴掌，赵州就走了。

第三则公案是，有一位僧人去游五台山，问一位老太婆："往五台山的路怎么走？"

老太婆说："直直这么去！"

僧问何故，老太婆说："好个师父就这么去了。"僧便去。

出家人听了很吃惊，认为老太婆是开悟的人，便来问赵州，赵州说："我去帮你勘破这个老太婆。"

第二天，赵州去问老太婆："往五台山的路怎么走？"

老太婆说："直直这么去！"

赵州问何故，老太婆依旧说："好个师父就这么去了！"赵州就走了。

赵州回到寺院对僧人说：“我为你勘破老太婆了。”

禅宗公案里的老太婆，不管有没有开悟，她们都非常可爱、活泼，充满生命的热力，仿佛在告诉我们：修行者不要小看老太婆，不要小看这世间的每一个众生，他们只是走了不同的路，修了不同的法。这就是赵州说吃粥、洗钵、喝茶都有法的缘故了。

百鸟不衔花

在日本的茶堂喝茶，我们就会发现喝茶是一件多么严肃的事，任何事都有仪式的规范，茶室的大小、画轴的位置、花器与季节，甚至有许许多多的花是不准被插在茶室的。日本茶道鼻祖千利休在《南方录》中说："不可插入花器的花是沉丁花、深山樒呀！鸡冠花、女郎花、石榴、河骨、金盏花，鲜丽的花也讨人嫌哦！"

大凡在茶道中被禁止的花有几种：一是香味太强，会干扰心境；二是热闹华丽的团状或复瓣花，会影响茶堂空寂；三是花期太长，不能令茶人欣赏瞬息无常的美学；四是粗枝大叶，花形不雅；五是名称不好听，像鸡冠、金盏，不合茶道精神；六是颜色太鲜艳，不合茶室的风情。

七折八扣，可以插在茶室的花就很少了。

这一点曾使我感到迷惑，因为我们如果看日本人穿的和服，会看见很多花的颜色。彩虹和五色鸟，这两者都是象征日本的文化，那么以前的日本人不是穿和服去饮茶吗？究竟什么才是调和？是人的心先做了雅俗的判定，或真有一种花是俗气的呢？

我一直觉得喝茶的人最好能到日本茶堂去喝一次茶，才能知道有一个严格的形式对于斩断人的攀缘心是多么有用，这就是修行人需要闭关的原因。也唯有在日本的茶堂喝过茶，才能体会我们的茶馆是多么可爱，能自由无拘地喝茶是多么充满人情味呀！

日本和服的花与鸟、彩虹与明媚，或者是对严格形式的一种反动；也或者，茶堂里的枯寂正是对喧闹和服的反动。不论怎样，严格的形式与自由的心灵一定要和谐，如果形式与内容都倾向严酷，是不可能体会禅心的。

传说，牛头法融禅师在牛头山幽栖寺的岩洞修行时，每天都有林中的百鸟衔花来供养他。有时候，来供养的鸟太多，甚至把整个天空都遮蔽了，好像天上开满了花。

有一天，法融禅师开悟了，从此再没有鸟来为他献花。

这是一则有名的公案，后人都盛赞没有鸟来献花是比较高的境界。每次我一想到百鸟衔花那壮阔辉煌的场面，也不禁神往动容。

公案的神奇也就在此，为什么百鸟衔花境界低，空无一鸟境界高呢？

原因可能是，由于内在不够丰沛，才需要外在的繁华来彰显。如果内心圆满具足、海阔天空，有鸟无鸟又有何差别？一般的鸟也不能知禅师的心了。

如果一个人喝茶，要讲究名家的茶壶，一定要喝价钱昂贵的茶，甚至一幅画、一枝花都要严格的话，我们可以说他是个会喝茶的人，还没有达到“百鸟不衔花”的境界。

喝茶本来是人生的余事，不是生活的主调。参禅本来是生命的发展，不是身心的囿限。

要能心境和谐、恰恰用心、住定不转，在每一次喝茶的时候，都能身心泰然欢喜，放下了形式的执着，那才是好。

通向茶味禅味的路，并没有什么秘密可言。足庵智鉴禅师有一首诗说：

世尊有密语，迦叶不覆藏。
一夜落花雨，满城流水香。

在台北的春夜，夜夜都有梅雨，满城流水的香，我们闻到了吗？

我们喝一杯茶，思及在云雾的冻顶，有一株茶树在那里看云观霞，在风雨中不失去自己的香；我们饮一片茶，便是饮一株茶树，饮一座山，饮山上清冷的云雾。

百鸟，也曾衔花飞过这些茶园吧！

在鸟不衔花了以后，牛头法融写下这样的诗句：

知色不关心，心亦不关人。
随行有相转，鸟去空中真。

鸟飞去了，空中才真；鸟飞来了，何尝不真？

万花落尽春不尽，百鸟飞远天不远，每一片茶叶的伸展，鞠躬尽瘁，死而后已，不都是为明年春天更嫩的叶子做引言吗？如果不把最嫩的茶叶不断地摘下来，也不会每一季都有新茶了；如果不日日摘取生活甜美的果实，明天也不会有新的果实了。

鸟飞来飞去，关我们什么事？

有鸟时，看空中的繁华；无鸟时，看远天的清明。日本茶道的茶室与和服之间的关系，或者也是这样的吧！

落叶永远扫不干净

日本茶道祖师千利休教导儿子茶道，茶道当然不是从泡茶学起的，千利休先教导儿子去洒扫庭院，因为如何打扫庭院和茶堂，是茶道里非常重要的开始。

当千利休的儿子正在打扫庭院小径时，千利休坐在一旁看着。

儿子觉得工作已经做完的时候，千利休说："还不够清洁。"

儿子便出去再做一次，把刚刚可能被忽略的部分，用心打扫。做完的时候，千利休又说："还是不够清洁。"

这样一而再，再而三地做了许多次，千利休总是不能满意。

儿子也铁了心，从头到尾，甚至把庭院的每一寸土地都扫得干干净净，然后回来报告父亲："父亲，现在已经没有什么事可以做了。石阶我已经洗过三次，石灯笼和树上也洒过水了，苔藓和地衣都披上了一层新的青绿，甚至地上也没有留下任何一根树枝和一片叶子了。"

千利休听了儿子的报告，对儿子说："傻瓜，这不是清扫庭院应该用的方法。"

于是，他站起来，走入院子里，用手去摇动一株树，院里霎时落下许多金黄色和深红色的树叶，这些秋锦的断片，使打扫过的院子显得更清净宁谧，充满了自然与美，有生命的力量。

站在院子里的儿子，当场得到非常大的启示。千利休教导的茶道并不是一尘不染的，而是在清净中充满了趣味，能与自然和谐而产生的美的视觉，那并不是刻意的追求，而是美慧的心自然流露的泰然自若的境界。

庭院里的落叶是永远扫不干净的，但初落的树叶却是秋天的锦绣，反而增添了庭院之美。

千利休以这种“自然流露”来教导儿子，一代传一代，他的家族传了十七代，代代都有茶道名师。

在中国，也有相似的故事，这便是饮茶名家倪云林的故事。倪云林是元朝著名的画家，他曾经把茶叶塞入莲花中，制成莲花茶，也曾以惠山的泉水煮白石，制成清泉白石茶。白石，就是核桃、松子去壳去皮，取其肉，捣烂，和上面粉，做成一块一块，来与泉水煮饮。倪云林常在喝茶时看庭中的落叶，有一次，看到仆人扫庭院落叶后留下许多帚痕，非常不美观。

于是，他发明了在竹竿或树枝上面绑一支长针刺起落叶的工具，把那些枯干难看的落叶刺起，只留下刚掉下来的鲜红的、嫩黄的叶子。因此，他的院子里时常零落各种颜色，非常之美。

看着满院美丽的叶子，没有一丝扫帚的痕迹。如此，像莲花茶、清泉白石茶那样，也就增加了清冽的滋味。

落叶是永远扫不干净的，这是人生里无可奈何的事。但院子的落叶也增添了庭院的美，生命的落叶又何尝不是这样呢？我们不必试图想要过没有烦恼的、一尘不染的人生，而是要使一切生命中的飘零，成为苦难历程中风情的点缀。

静坐着看秋天落叶的飘零，虽然清冷，却是美的。

静观着人生历程的起伏变动，虽然凄凉，却也有美的一面。

因此，不要只顾清扫落叶，落叶是永远扫不干净的。让我们抬起眼睛，欣赏那些飘零，体会那种变动吧！让我们有美好的心，与大化一起进入泰然自若的境界吧！

那里面不只有茶道的境界，也有灵性的消息。

净土也有好茶

有时候，喝到一壶上好的茶，心中的欢快愉悦难以用笔墨形容，这时就会想起禅宗中“醍醐灌顶”或“石蜜在心”的语言。

好茶给我们的感受确实是接近醍醐或石蜜的，它使我们的身心为之柔软、通彻，有一种清凉、甜美之感。因此，如果在法味上不能尝到醍醐或石蜜的味道，能品茶，也可近矣！因为陆羽说茶可以“与醍醐、甘露抗衡也”！

在经典里，时常把法味、禅味譬喻为醍醐与石蜜，一般人把它们想得非常神秘。其实，用现代话来说，醍醐就是奶酥，石蜜就是冰糖，都是很平常的东西。为什么要用很平常的东西来形容高深的法味呢？原因非常简单，最高深境界的法味也不只是给特殊的人品尝，平常人也可以在日常生活中得到。

醍醐取其香，石蜜取其甜，意思是说，在痛苦不安的人生中，法味是极香甜的。一个人唯有尝到了香甜的法味，才能在行道的路上不退转。

奶酥和冰糖虽然平常，却是好东西。

《本草纲目》里说到，“石蜜”可以治愈心腹热胀，滋润肺气，助益五脏。佛法以石蜜为比喻，是说良法不仅滋味甜蜜，也可以调益身心。

“醍醐”则是梵语，指由牛奶精制而成的最精纯的奶酥。若以奶制品的不同层次分为“五味”，即乳、酪、生酥、熟酥、醍醐，以醍醐为最上乘之味。因此，上乘的心法给人的感受又称为醍醐味。

在《大乘理趣六波罗蜜多经》中，曾经以牛奶的五味来形容佛陀所说教法的深浅：

契经如乳，调伏如酪。对法教者，如彼生酥。大乘般若，犹如熟酥。总持门者，譬如醍醐。

翻译过来，就是：

能够了解经义的人，就好像喝了牛奶。
可以调伏身心的人，就好像吃了乳酪。
与法教能相应的人，就好像品味生酥。
有了大乘智慧的人，就好像尝到熟酥。
总持一切法门的人，就仿佛品到醍醐之味。

“醍醐之味，乳酪酥中，微妙第一，能除诸病，令诸有情，身心安乐。总持门者，契经等中，最为第一，能除重罪，令诸众生，解脱生死，速证涅槃，安乐法身。”

我们也可以说“醍醐灌顶”的人，是那些豁然心开的人。从中可得知，醍醐与石蜜用来象征的都是极珍贵的东西。寒山子有一首诗：

俊杰马上郎，挥鞭指绿杨。

谓言无死日，终不作梯航。
四运花自好，一朝成萎黄。
醍醐与石蜜，至死不能尝。

这首诗是感叹许多人到死都不曾尝过法味的甜美与香醇。意思是说，那些年轻的俊杰之士就好像骑着马奔驰的人，他们用马鞭指着绿色的杨柳，认为自己没有死亡的一天，因此，他们既不做梯子爬向涅槃山，也不造船航向彼岸。没有想到那四季看起来都非常美好的花，一夕之间就萎黄凋落了！可惜像醍醐那样香醇、像石蜜那样甜美的法味，他们到死都未能品尝到呀！

是呀，这世间放眼望去，汲汲营营于权势富贵，至死不悟的人有很多，他们一朝便成萎黄，与草木同朽。

想在生活里吃到醍醐与石蜜很简单，花几块钱就有了。要品尝心灵的醍醐与石蜜也不难，只要肯花心思观照、思维与体验，使人格芳香、生命欢喜，也可以逐渐深入法味了。

因此，佛法以“醍醐”和“石蜜”来象征法味，有甚深之义。醍醐至香，一个人如果不能在生活中有欢欣之念，心胸不能开展，提升性灵的芬芳，那就不可能真知法的滋味。石蜜最甜，则象征着一个人品尝香甜的法味之后，应该身心甜美，成为欢喜自在的人。

一个人品尝了香甜的法味，就不可能再愁眉苦脸、身心委顿地生活了。反之，一个人习法修禅，如果依然生命庸俗、生活郁闷、心灵痛苦，就表示他尚未契入法味的秘密。

佛法禅意既是为痛苦无常的人生而设教立宗，进入佛心禅心的人，必然更善于面对痛苦无常，在短暂波动的生命中，也不会失去甜美的心灵和芳香的自性。

此所以，垂头丧气、愁眉苦脸地学佛，还不如抬头挺胸、心境明朗地做人。

此所以，唯有具有人间至香至甜的心灵，才能大步走向至香至甜的净土。

此所以，能深知世俗谛中五味杂陈滋味的人，才会真知第一义谛的纯真之味。

由于对醍醐与石蜜的象征之尊崇，在中国西藏、尼泊尔等地的佛教徒，他们以面粉、奶酥、冰糖做成的檀城来供佛，他们也以奶酥和冰糖来调和茶水，日日饮之以调御身心。

对呀！如果眼前的奶酥、冰糖之味都不能深深品味、深深欣赏，如何能品知深奥佛法中的醍醐与石蜜之味呢？

如果对眼前这杯茶都不能感恩地品饮，向天下种茶的人顶礼致谢，又如何能进入心自如大地的菩萨心肠呢？

一念觉，即是佛；一念迷，即是众生。

会心不远，欢喜踊跃的心中就会涌出醍醐之味。

蜜在汝边，甜美细腻的生活里就会酿出石蜜之味。

对“真俗不二”的信心，使我深信，极乐世界也有好茶、好风、好水、好天地！

入清凉地

每次在天气很热的时候，我就会想起赵州和弟子文远的一则公案。

有一次，赵州和弟子文远坐着聊天，桌上只有一块饼，赵州看着饼就对文远说："我们来比赛，看看谁能把自己譬喻得最卑下。谁输了，就吃桌上这一块饼。"

"好呀！好呀！"文远开心地说。

赵州就先开口说了："我是一头驴。"

文远："我是驴子的屁股。"

赵州："我是驴子的粪便。"

文远："我是粪便里的虫。"

赵州问道："你在驴子的粪便中做什么？"

文远："我在里面消夏。"

赵州说："好厉害，算你赢了。"

然后，赵州拿起那仅有的一块饼大口地吃了起来。

我一想这则公案，眼前就会浮现一脸愕然的文远，以及津津有味吃着饼的赵州，想到继续在粪便中"度暑假"的文远，真的想笑。

在燠热的暑假中，禅师怎样才能得到清凉呢？是不是有什么秘方？

禅宗里有一位名字最清凉的禅师清凉文益，他的消暑秘方是“但随时及节便得寒即寒、热即热，欲知佛性义，当观时节因缘”。意思是，对寒热取不迎不避的态度，一个人不怕寒冷，就不冷；不畏热，也就不热了。

在佛教里，另外一位以“清凉”为名的是清凉澄观禅师，他是华严宗的第四祖，因为住持在五台山的清凉寺而得名，他的消暑秘方是心静。他说：“无昭穆动静，无纶绪往复。勿穿凿异端，勿顺非辨伪，勿迷陷邪心，勿固牢斗诤……真离玄微，非言说所显，要以深心体解。朗然现前，对境无心，逢缘不动。”

意思是要守住本心，不要起起伏伏的，只要一个人对境无心，逢缘不动，那么，寒热又有什么关系呢？

宋朝还有一位清居禅师，他写了《十牛图》（一说是梁山廓庵和尚所著），把心比作牛，认为若能“忘牛存人”，就能够“无事安闲”；如果到了“返本还源”之境，则“水绿山青，不留一尘一埃”，失去了烦恼和妄念，则无处不是清凉之地。

所以，在驴粪中消夏，也可能是十分清凉的。

佛教可以说是清凉的宗教，不独指禅宗。

佛法中指的清凉，是一个人受到身、口、意三业的习染则会焚烧热恼。如果能守戒清净，就会止息热恼，会得安适，故称“清凉”。

因此，禅诗中说：“安禅不必须山水，灭却心头火自凉。”

《华严经》里说到菩萨的悲德如月亮一样光明清凉：“菩萨清凉月，游于毕竟空。”在空性中自由无住，没有执着的菩萨，像月亮一般清凉。

身心清凉的泉源则是来自清净的生活，清净的极致叫作“涅槃”。如果一个人有涅槃的心，就没有热恼了。所以，《大智度论》里龙树菩萨才说："人大热闷，得入清凉池中，冷然清了，无复热恼。"

在《大佛顶首楞严经》里，富楼那尊者问佛说："世尊！若复世间一切根、尘、阴、处、界等，皆如来藏，清净本然，云何忽生山河大地，诸有为相，次第迁流，终而复始？"

说的也是时节因缘与清净本然的关系，时节虽有热恼的因缘，在清净心、清凉池里，是永远不会失去凉爽的本来面目的。

大珠慧海禅师常讲："本自无缚，不用求解，直用直行，是无等等。"

有一天，有源律师来问："和尚修道，还用功否？"

师曰："用功。"

曰："如何用功？"

师曰："饥来吃饭，困来眠。"

曰："一切人皆如同师用功否？"

师曰："不同。"

曰："何故不同？"

师曰："人吃饭时不肯吃饭，百种需索；睡时不肯睡，千般计较，所以不同也。"

一个人如果能真正落入眼前的一刻，该吃饭时用心吃饭，该睡觉时全心地睡觉，那么不管是暑是寒是风是雨，也都可以入清凉地了。

大珠慧海禅师认为修行就是要回到生活，所以他不收徒弟。有一次，一位居士千里迢迢而来，跪地不起，求他收为弟子。

大珠说："禅客，我不会禅，并无一法可示于人，故不劳汝久立，且自歇去！"

你自己去歇息你的身体，自己去歇息你的心吧！心念止息的地方就有清凉，山歇于青翠，水歇于流动，云歇于天空。我们也不必歇息在太远的地方，就从生活的这一刻、这一个地方开始，来放松、来安住我们的心。

如果你很热恼，那就让我们来泡一壶茶对饮吧！且乐身前一杯茶，何须身后千载名。让我们沉默、轻松地饮下这杯长于云雾之地的冻顶之茶，让我们入清凉地。

从念佛、从止观、从禅定入清凉地是很好的，从吃饭、从睡觉、从开怀大笑、从眼前这杯茶入清凉地也是好的。

从任何法门入清凉地，其本质都是一样的清凉呀！

一片茶叶

抓一把茶叶丢进壶里，从壶口流出了金黄色的液体，喝茶的时候我突然想道：这杯茶的每一滴水，是刚刚那一把茶叶中的每一片茶所释放出来的。喝茶的人，从来不会去分辨每一片茶叶，因此常常忘记一壶茶是由一片一片的茶叶所组成的。

在一壶茶里，每一片茶叶都不重要，因为少了一片，仍然是一壶茶。但是，每一片茶叶也都非常重要，因为每一滴水的芬芳，都有一片茶叶的生命本质。

布施不也是如此吗？

布施，犹如加一片茶叶到一大壶茶里，少了我的这一片，看似不影响茶的味道。其实不然。丢进我的这一片，一壶茶都有了我的芳香。虽然我能施的很小，也会充满每一滴水。

布施，我们应以茶叶为师，最上好的茶叶，五六斤茶菁才能制成一斤茶，而每一片茶都是泡在壶里才能还原、温润，才有作为茶叶的生命意义。我们也是一样，要经过许多岁月的洗礼才锻炼出我们的芬芳，而且只有在奉献时，我们才有了人的温润，有了生命的意义。

一片茶叶丢到壶里就被遗忘了，喝的人在欢喜一壶茶时，并不会赞叹单独的一片茶叶。一片茶叶是不求世间名誉的，这就是以清净的心布施，不求功德，不求福报，只是尽心尽力贡献自己的芳香。

一壶好茶，是每一片茶叶共同创造的净土。

正如《维摩诘所说经》说："布施，是菩萨净土。"

欲行布施，先学习让心在社会这壶茶里，做一片茶叶！说珍惜世界之前，先珍惜每一片茶叶吧！

这样想时，喝茶的时候就特别能品味其中的清香。

片叶不沾身

朋友带我去看一位古董收藏家的收藏，据说他收藏的都是国宝级的东西，随便一件都是价逾千万。

我们穿过一条条的弄巷，来到一家不起眼的公寓前面，我心中正自纳闷：国宝级的古董怎么会收藏在这种地方呢？

收藏家来开门了，连续打开三道不锈钢门，才走进了屋内。室内的灯光非常幽暗，等了几秒钟我才适应，这时才赫然看到整个房子堆满古董，多到连走路都要小心，错身才能前进。

到处都是陶瓷器、铜锡器，还有许多书画卷轴，像满天星一样拥挤地插在水缸里。主人好不容易带我们找到沙发(沙发也是埋在古物堆中)，经过一番清理，才得以落座。

我不知道要怎样才能形容那种感觉，古董过度拥塞，使人仿佛置身在垃圾堆中。我想，任何事物都不能太多，一到“太”的程度，就可怕了。

我们都喜欢蝴蝶，可是如果屋子里堆满蝴蝶，就不美了。再想到蝴蝶会生满屋的毛虫，那多可怕！

我们都喜欢鸟，但鸟如果太多，也是会伤人的。希区柯克的名作《鸟》，那恐怖的情景想起来汗毛都要竖立了。

正在出神的时候，主人端出来一个盘子，但盘子里装的不是茶水或咖啡，而是一盘玉。因为我的朋友向主人吹嘘我是个行家，虽然我据实地极力否认，主人只当我是谦虚，迫不及待拿他的收藏要让我“鉴赏”了。

既是如此，我也只好一件一件鉴赏，并极力地称赞。在说着一块茶色的玉时，我心里还想：为什么端出来的不是茶水呢？

看完玉石，我们转到主人的卧房看陶瓷和铜器，我才发现主人的卧室中只有一张床可以容身，其余的从地板到屋顶，都堆得密不透风。

虽然说这些古董都是价逾千万，但是堆在一起却感觉不出它的价值。后来又看了几个房间，依然如此。最令我吃惊的是，连厨房和厕所都堆着古董，主人家已经很久没有开伙了。

古董的主人告诉我，他之所以选择居住在陋巷，是因为台北的治安太差，恐引起歹徒的觊觎。而他设了那么多的铁门，有各种安全功能，一般人从门外窥探他的古董，连一眼也不可得。

朋友补充说：“他爱古物成痴，太太和小孩儿都不能忍受，移民到国外去了。”

古董的主人说：“女人和小孩子懂什么！”

我对他说：“你的古物这么值钱，又这么多，何不卖几件，买一个大的展示空间，让更多的人欣赏呢？这样，房子也不会塞成连坐的地方都没有呀！”

他说，好的古董一件也舍不得卖。

他说，而且那些俗人懂得什么古董！

告辞出来的时候，我感到有一些悲哀：再怎么了不起的古董，都只是物件，怎么比得上有情的人？再说，为了占有古董，活着的时候担惊受怕，像囚犯困居于数道铁门禁闭的囚室，像乞丐住在垃圾堆中，又何苦来哉!

何况，迟早有一天人会离开这个世界的，就像他手中的古董以前的主人一样，总有一刻会两手一放，一件也不能带走。真正的拥有，不一定要占有；真正的古董鉴赏家，不一定要做收藏家。偶尔想欣赏古董，到“台北故宫博物院”走走，花四十元门票，就“拥有”真正国宝级的古物。累了，花八十五元在“三希堂”喝“台北故宫”特选的乌龙茶，生活不是非常惬意吗？回到家，窗明几净，也不需要三道铁门来保卫，也不需要和无情的东西争位置，役物而不役于物，不亦快哉!

我们的生命如此短暂，有所营谋，必有所烦恼；有所执着，必有所束缚；有所得，必有所失!

如果我们把时间花在财货上，就没有时间花在心灵上。

如果我们日夜为欲望奔走，就会耗失自己的健康。

如果我们成为壶痴、石痴、玉痴、古物痴，就会忘失有情世间的珍贵。

有一位股市的大户告诉我，他在股市一个早上就可以赚一千万。

我说：“一个早上赚一千万看起来很多，总有一天你会发现一千万买不到一个早上。”

何况一千万的得失是很难说得清的，陪家人在河边散步值不值一千万呢？读到一本开智慧的好书值不值一千万呢？有一个早上的觉悟之心，值不值一千万呢？

好好吃一顿饭，欢喜喝一碗茶，一日喜乐无恼，一夜安眠无梦，又价值多少？

“百花丛里过，片叶不沾身。”那样的生活才是我们向往的生活，百花丛里是“有情”，叶不沾身是“觉悟”。

我想起许多年以前，朋友送我一个名贵的古董茶壶，我欢喜地收下了。过几天，朋友说送错了，来要回去，我欢喜地还给他了。

世间的事物来来去去，我还是我。

人我是非、利害得失去去来来，我们既未增加，也不减少。

误解与赞赏、毁谤与鼓掌、批评与歌颂，都像庐山的烟雨和浙江的潮汐，原来一物也无！

去年春天最好的春茶，放到今年也要失味，所以今年最好喝今年的春茶。

年年的春茶都好，我眼前在用的这个粗陶茶杯就很好了，古董、古物、钻石、珍珠，乃至一切的背负，留给那些愿意背负的人吧！

达摩茶杯

在日本买了一个枣红色的杯子，外面的釉彩是绿色、蓝色、黄色绘成的达摩祖师像。日本的达摩造型不像印度人，像是一个没有种族特征的孩子，圆墩墩的，带着无邪的笑意。

我不仅在茶杯上看见过这样的达摩，也在灯笼上看见过，还在酒壶酒杯上看见过，甚至有许多被制成不倒翁、玩偶与面具。

达摩祖师几乎已经成为日本人的图腾，甚至彻底地日本化了，日本大概是最崇拜达摩的民族了。在达摩的出生地印度，早已没有人知道达摩这一号人物。在达摩后半生游化的中国，虽然也敬仰达摩，但也没有到无所不在的地步。

我曾在台北的中山北路艺品店看过许多达摩的画像，也曾在苗栗的三义乡看过许多达摩的雕刻。大陆的石湾陶也有许多，但那是为日本观光客做的。

不止达摩，寒山、拾得画像的“和合二仙”在日本也很流行。而以布袋和尚为画像的，我们把他当成弥勒佛，在日本却是七福神，是民间祭祀的对象。

在日本，达摩祖师如此风行，但在中国，为什么反而日渐被漠视呢？我们在禅风大起的时代，要如何来看待达摩祖师呢？

读过日本茶道书籍的人都知道，日本茶道开宗明义的第一章便与达摩祖师有关。传说，菩提达摩在少林寺面壁九年的时间，由于想追求无上觉悟心切，夜里不倒单，也不合眼，由于过度疲劳，沉重的眼皮撑不开，最后他毅然把眼皮撕下来，丢在地上。

就在达摩丢弃眼皮的地方，长出一簇叶子翠绿的矮树丛（树叶就像眼睛的形状，两边的锯齿像睫毛）。那些在达摩座下寻求开悟的徒弟，也面临眼皮撑不开的情景，于是，就把“达摩的眼皮”采下来咀嚼或泡水，由此产生一种奇妙的灵药，使他们可以更容易保持觉醒状态，这就是茶的来源。

这个传说之所以在日本流行，是因为日本人的武士道性格决然，会以“想睡觉了就把眼皮撕下来”来达到目的。可是中国的祖师是反对“吃时不肯吃，百般需索；睡时不肯睡，千般计较”的，我们主张的“吃饭时吃饭，睡觉时睡觉”，比较合乎禅的精神。

日本人认为达摩面壁九年，是在寻求无上正觉。从史实来看，达摩来中国时已经正觉，他是来寻找“一个不受人惑的人”，也就是来度化有缘人的。少林寺的九年面壁，只不过是期待合适的弟子予以教化罢了。

因为“达摩的眼皮”的传说，人们把达摩的像绘在茶壶茶杯上，这给了我们一个觉醒的启示：喝茶不只在解除口舌上的热渴，还要有一颗觉醒的心来解除人生烦恼的热渴。

达摩被我们视为“禅宗初祖”，虽然他的名声大，但他的思想却很少有人知道。根据学者的研究考证，达摩真正思想的所在，应该最接近后世流传的《二入四行论》。

“二入”是从两种地方进入禅悟：一是“理入”，就是要勤于教理的思维，认识教理，解除生命的盲点，然后才能舍伪归真；二是“行入”，就是以生命来实践，以佛的教义实际地履行，除去爱憎情欲，以进入禅法。

这就是“不受人惑”的入门呀！

以达摩祖师之教化，后世禅宗分为“贵见地不贵行履”，或“贵行履不贵见地”，实际上都有失达摩祖师教化，走入极端了。

见地是为了提升境界，实践是为了印证境界，前者是未登山顶而知道山顶有好风光，后者是一步一步地登山，一定要爬上山顶的时候，才能同时汇流，豁然贯通！

“四行”是体验、修证佛道的四种具体的行法，即“报冤行”“随缘行”“无所求行”“称法行”。

“报冤行”是指我们所遇到的一切苦难，都是以前恶缘汇集的结果，故应无所埋怨地承受。

“随缘行”是指我们所遇到的一切喜庆成就，乃是以前善缘的成果，故应无所执着不自满。

“无所求行”是指世人由于有所贪求，才会迷惑不安，如果能无所求，就能无所愿乐，万有皆空，安心无为，顺道而行。

“称法行”是明白本性清净才是究竟的法，所以在世间一切法上，无染无着、无此无彼，虽然自利利他，但是也能安住于空法。

达摩祖师的“二入四行”可以说是禅宗根本的理趣所在，如果能从此进入，就可以安心于道了。达摩祖师曾对两位大弟子慧可、道育说了一段重要的话：

令如是安心，如是发行，如是顺物，如是方便，此是大乘安心之法，令无错谬。如是安心者：壁观。如是发行者：四行。如是顺物者：防护讥嫌。如是方便者：遣其不著。

达摩祖师的“二入四行”，简单地说，禅的修行是从“有意”超入“无心”，无心即是本性清净的意思。在本性清净的大原则下，一个人如果有多少执着，就含有多少束缚，减少束缚的方法，就是去化解执着——在见地上化解，在实践中化解，在行止里化解，到了解无可解、化无可化之境，心也就清净了。

一切生活中的事物，不都可用“二入四行”来给予直观吗？即使微细如喝茶这样的小事，在直观中，也能使我们身心提升到清净之处呀！

我喜欢日本茶道的四个最高境界，即“和敬清寂”，“和”是心存和平，“敬”是心存感恩，“清”是内在坦荡，“寂”是烦恼平息。

“和”是报冤行，即使是生命中最大的困顿，也能与之处于和谐的状态。

“敬”是随缘行，感恩那些使我能随顺生活的事物和人，有崇仰之想。

“清”是无所求行，是内心永远晴空万里，有亮丽的阳光，无所贪求和企图。

“寂”是称法行，是止息一切波动，安住于平静。

“和敬清寂”不是呆板的，而是活泼的，就像火炉里的木炭经过热烈的燃烧，保留了火的热暖，而不再有火的形貌。人在烦恼烈焰中亦如是，燃烧过后，和合相敬，清朗静寂，但不失去智慧的光芒与慈悲的温暖。

我在用达摩祖师的茶杯喝茶的时候，时常想起他的一首偈：

亦不睹恶而生嫌，亦不观善而勤措，

亦不舍智而近愚，亦不抛迷而就悟。

试着译成白话就是：

《相思一声磬》

不必看到坏的人事就生起嫌恶的心，

不必看到好的事功就生起企图的心，

不必舍弃智慧而去靠近愚痴的景况，

也不必抛弃散乱生活去追求悟的境界！

也就是说，如果手里有一杯茶，就好好地来喝一杯吧！品味手上的这一杯，不必管它是乌龙还是铁观音，不必管它是怎么来到我的手上。如果遇见人生的情境，不必管它是好是坏，不必管它怎么独独落在我的头上，就坦然地饮下这一杯苦汁或乐水吧！

如果还没有手上的茶，那么来煮一壶水，把水烧开了，抓一把茶叶，准备喝一杯吧！忙乱的生活如此燥热，没有清凉的茶无以消火解渴。烦恼的生命如此焦渴，缺少一杯法雨甘露，生命的长途就更郁闷难耐了。

我手上的达摩茶杯，很愿意借给有缘的人！